essentials

essentials liefern aktuelles Wissen in konzentrierter Form. Die Essenz dessen, worauf es als „State-of-the-Art" in der gegenwärtigen Fachdiskussion oder in der Praxis ankommt. *essentials* informieren schnell, unkompliziert und verständlich

- als Einführung in ein aktuelles Thema aus Ihrem Fachgebiet
- als Einstieg in ein für Sie noch unbekanntes Themenfeld
- als Einblick, um zum Thema mitreden zu können

Die Bücher in elektronischer und gedruckter Form bringen das Expertenwissen von Springer-Fachautoren kompakt zur Darstellung. Sie sind besonders für die Nutzung als eBook auf Tablet-PCs, eBook-Readern und Smartphones geeignet. *essentials:* Wissensbausteine aus den Wirtschafts-, Sozial- und Geisteswissenschaften, aus Technik und Naturwissenschaften sowie aus Medizin, Psychologie und Gesundheitsberufen. Von renommierten Autoren aller Springer-Verlagsmarken.

Weitere Bände in der Reihe http://www.springer.com/series/13088

Kraftvoll führen in Krisenzeiten

Torsten Schrör

Erfolgreicher Umgang mit Unsicherheiten und Ängsten

Torsten Schrör
Bamberg, Deutschland

ISSN 2197-6708   ISSN 2197-6716   (electronic)
essentials
ISBN 978-3-658-31759-1   ISBN 978-3-658-31760-7   (eBook)
https://doi.org/10.1007/978-3-658-31760-7

Die Deutsche Nationalbibliothek verzeichnet diese Publikation in der Deutschen Nationalbibliografie; detaillierte bibliografische Daten sind im Internet über http://dnb.d-nb.de abrufbar.

Planung/Lektorat: Ulrike Lörcher
Springer Gabler ist ein Imprint der eingetragenen Gesellschaft Springer Fachmedien Wiesbaden GmbH und ist ein Teil von Springer Nature.
Die Anschrift der Gesellschaft ist: Abraham-Lincoln-Str. 46, 65189 Wiesbaden, Germany

Was Sie in diesem *essential* finden können

- Einen Überblick über die Herausforderungen für zukunftsgerechte Führung in krisenhaften Zeiten
- Eine kritische Würdigung der Eignung bisheriger Glaubenssätze und Handlungsmuster von Führung
- Die Fokussierung auf den Erfolgsfaktor „Verhalten der Führungskraft" und die in Disruption und Krise besonders relevanten, verhaltensauslösenden Gefühle „Unsicherheit" und „Angst"
- Ein Stufenmodell für den bewussten Umgang von Führungskräften mit schwierigen Gefühlen
- Grundelemente eines neuen Führungsparadigmas für kraftvolles Führen in dynamischen, disruptiven und krisenhaften Zeiten

Vorwort

Während ich diese Zeilen schreibe, scheint sich die akute Krise 2020 („Corona")
in Europa abzuschwächen, wobei die Folgen die Welt noch lange beschäftigen
werden. Früher oder später wird damit diejenige Krise („Klima"), die die
Menschheit und diesen Planeten in den nächsten Jahren in Atem halten wird,
wieder in den Fokus rücken. Diese Krisen sind ein Ausdruck dessen, was die
Gesellschaft seit einiger Zeit immer mehr ausmacht: Eine außerordentlich hohe
Veränderungsgeschwindigkeit und große Komplexität der weltweiten Zusammenhänge. Jeden Tag aufs Neue erleben wir in immer schnellerer Taktung nicht
nur Dynamik, sondern auch Disruption, das kurzfristige Zusammenbrechen
alter Ordnungen und Institutionen, das komplette Neudesign von Märkten und
Geschäftsmodellen.

Damit sind alle Mitarbeiter*innen von Unternehmen konfrontiert. Entscheidend
für den Erfolg von Unternehmen in diesen Zeiten ist insbesondere, ob die Führungskräfte, die Verantwortung für wesentliche Entscheidungen und die Arbeitsergeb-
nisse der Mitarbeiter*innen tragen, fähig sind, mit dem umzugehen, was Dynamik,
Disruption und Krisen mit den meisten Menschen machen: Sie verunsichern und
ängstigen, bewusst oder unbewusst.

Dieses Essential rückt Unsicherheit und Angst von Führungskräften in den
Fokus. Der Komplexität dieser bislang stigmatisierten Gefühle und ihrer Auswirkungen auf Verhalten kann es in diesem komprimierten Format nur eingeschränkt gerecht werden. Aber das Buch setzt Impulse für eine bessere
Krisenbewältigung für Führungskräfte, weckt Neugier und Forschergeist für diese
schwierigen Gefühle und vermittelt Normalität, Unverkrampftheit sowie idealer-
weise eine gewisse Leichtigkeit für den Umgang mit ihnen. Damit Unsicherheit und Angst nicht Automatismen auslösen, die für die Krise ungeeignet oder
destruktiv sind. Damit es gelingt, alte Verhaltensmuster loszulassen. Damit neue

Handlungsoptionen entdeckt, erlernt und mutig ausprobiert werden können. Damit sich ein neues Führungsparadigma durchsetzt, nach dem der bewusste Umgang mit Unsicherheit und Angst eine Stärke ist, ein Erfolgsfaktor für disruptive und krisenhafte Zeiten.

Dieser Band ist vor allem eine erfahrungsbasierte Darstellung. Grundlage für meine Tätigkeit als Coach sind meine Ausbildungen, für die ich all meinen Lehrer*innen, allen voran Inge und Thomas Dietz, Halko Weiss und Thomas von Stosch, von ganzem Herzen danken will. Ebenfalls danke ich meinen inspirierenden Kolleg*innen, allen voran Thomas Thielen, und selbstverständlich meinen Klient*innen sowie Kund*innen, die mir diese Erfahrungen ermöglicht haben.

Torsten Schrör

Inhaltsverzeichnis

1 Einführung 1

2 Führung in Krisenzeiten 3
  2.1 Auswirkungen von Krisenzeiten auf Führung 3
  2.2 Die Krise traditioneller Führung 7

3 Lösungsansätze für Führung in dynamischen Zeiten 11
  3.1 Agiles Führen 11
  3.2 Neue Organisationsformen 13
  3.3 Selbstführung 13
  3.4 Sinn 14

4 Kraftvoll führen in der Krise 17
  4.1 Die Grundlagen eines neuen Führungsparadigmas 17
  4.2 Achtsame Selbstführung in Krisenzeiten 18
    4.2.1 Unsicherheit bei Führungskräften 19
    4.2.2 Angst bei Führungskräften 19
  4.3 Umgang mit Unsicherheit und Ängsten – Das
        SHIELZ-Modell 23
    4.3.1 Sinn – Den Leitstern meines wirtschaftlichen
            Handelns definieren 25
    4.3.2 Haltung – Schwierige Gefühle akzeptieren 28
    4.3.3 Innehalten – Handlungsautomatismen unterbrechen 30
    4.3.4 Eigenempathie – Unsicherheit und Angst annehmen 31
    4.3.5 Loslassen – Abschied nehmen vom „Alten" 34
    4.3.6 Zulassen – Das „Neue" ausprobieren 35
    4.3.7 Zusammenfassung SHIELZ Vorgehen 36

4.4 Emotional intelligente Führung in Krisenzeiten 37
    4.4.1 Essenzielle Führungskompetenzen 37
    4.4.2 Wechselwirkungen in Führungsbeziehungen steuern 39

Schlusswort 43

Literatur. 45

Einführung 1

Das bereits Mitte der 90er Jahre entwickelte VUKA-Modell beschreibt die Erscheinungsformen der heutigen Zeit:

- Hohe Veränderungsgeschwindigkeit, vor allem durch die Digitalisierung
- Steigende Unsicherheit darüber, was richtig ist und was kommen wird
- Schwer beherrschbare Komplexität, insbesondere aufgrund globaler Zusammenhänge
- Verwirrende Ambivalenz von Ursache-Wirkungszusammenhängen, die nicht mehr traditionellen Logiken folgen

Etwas zugespitzt heißt dies für die Wirtschaft: Nichts dauert an. Nichts ist sicher. Nichts ist planbar. Nichts ist einfach oder eindeutig. Krisen sind darüber hinaus von einem besonders hohen Neuigkeitsgrad geprägt, wie die Erscheinungsformen der Krise 2020 unterstreichen. Die erforderlichen Reaktionen der Wirtschaft sind weder bekannt noch erprobt. Disruption von bis dato gültigen Marktgesetzen und Branchenmodellen, wie z. B. bei der Digitalisierung der Gesundheitswirtschaft oder der Neugestaltung der Automobilfertigung zu beobachten, sind an der Tagesordnung. Es gibt innovative Lösungsansätze, um damit umzugehen: Selbstführung, agile Führung, neue Organisationsformen wie Selbstorganisation und Holokratie sowie die Betonung des Sinns für Unternehmen (Kap. 3).

„Organisationen sind ein laufender Prozess … von Entscheidungen" (Fink und Moeller 2018, S. 46). Ob es gelingt, geeignete Lösungsansätze für dynamische Veränderungen umzusetzen, hängt maßgeblich von der Fähigkeit der Führungskräfte ab, sich neue Verhaltensweisen in Entscheidungsprozessen anzueignen. Denn Krisen erfordern Führungshandeln, dass deren Neuigkeitsgrad durch offenes Denken, kreative Lösungsfindung, flexible Bereitschaft für Veranderung

© Der/die Herausgeber bzw. der/die Autor(en), exklusiv lizenziert durch Springer Fachmedien Wiesbaden GmbH, ein Teil von Springer Nature 2020
T. Schrör, *Kraftvoll führen in Krisenzeiten*, essentials,
https://doi.org/10.1007/978-3-658-31760-7_1

und die Fähigkeit zu Disruption auf der Gestaltungsebene begegnet. Dies ist eine Herausforderung, an der Führungskräfte aktuell oftmals scheitern. Ein wichtiger Grund dafür ist, dass sie als Menschen in dynamischen, unerwarteten oder existenziellen Veränderungsprozessen mit schwierigen Gefühlen konfrontiert werden, die Folgen, Auslöser oder Formen von Unsicherheit und Angst sind. Die in Krisenzeiten besonders aktivierte Angst vor Veränderung und Wandlung ist eine der vier Grundformen der Angst (Riemann 2013) und „sie befällt uns umso heftiger, je mehr wir uns gegen sie absichern wollen" (Riemann 2013, S. 122).

Verunsicherung und Ängste lösen menschliche Schutzmechanismen aus. „Der Weg zurück in das alte, vertraute Gelände scheint sicherer. Unser Gehirn will uns vor negativen Erfahrungen beschützen" (Thum 2017). Diese Verhaltensmuster sind zumeist in Kindheit, Jugend oder vorherigen Berufsjahren erlernt worden. Sie haben Sinn gemacht und einen Nutzen erfüllt. In anderen Zeiten unter anderen Bedingungen. Deshalb sind sie für die aktuellen Herausforderungen oft ungeeignet und wirken destruktiv, weil sie nicht auf Veränderung ausgelegt sind. Das Festhalten an bewährten Lösungen, eine risikofokussierte Perspektive und intensivierte Kontrollversuche sind beispielhafte Verhaltensmuster mit Schutzcharakter im Führungskontext. Diese Automatismen sorgen nicht dafür, dass das Führungshandeln in Disruption und Krise eine zielgerichtete Wirkung entfaltet, mindern also Führungs-Kraft und dementsprechend Führungserfolg (siehe auch Heifetz et al. 2009).

Doch in der bisherigen Führungstheorie und -praxis spielt der Umgang mit Unsicherheit und Ängsten keine relevante Rolle (Abschn. 4.2). Weil diese unangenehmen Gefühle weiterhin als Schwäche angesehen werden, sie negiert werden und weil Führungskräfte es im betrieblichen Kontext nicht lernen, mit ihnen umzugehen.

Nach der Einführung werden in Kap. 2 die Auswirkungen von Krisen und Disruption auf Führungskräfte und ihre Wahrnehmung der Realität beschrieben und die Eignung traditioneller Führung kritisch gewürdigt. In Kap. 3 wird nach Betrachtung bisher entwickelter Lösungsansätze ein neues Führungsparadigma für Führung in disruptiven, krisenhaften Zeiten entwickelt. Kap. 4 beinhaltet das 6-stufige SHIELZ-Modell zum erfolgreichen Umgang mit Unsicherheit und Ängsten und die Umsetzung dieser Kompetenz in emotional intelligenter Führungsarbeit.

Führung in Krisenzeiten

2

2.1 Auswirkungen von Krisenzeiten auf Führung

Anhand des systemischen Führungsdreiecks in Abb. 2.1, das für Führungskräfte die drei Dimensionen Ich-Beziehung-Aufgabe unterscheidet, lassen sich die Auswirkungen von Krisenzeiten auf Führung verdeutlichen.

Auf der Aufgabenebene bewirkt Krise die Zunahme von Druck, Geschwindigkeit und kurzfristiger Ausrichtung. Die Zahlen werden schlecht, Gefahr muss abgewendet werden, nicht Langfristigkeit sondern der operative Handlungsfokus steht im Vordergrund. „Hinter der Formel „Wir müssen das tun, um zu überleben" … verbergen Manager ihre eigene Existenzangst" (Greif und Kurtz 1999, S. 7). Bei Unternehmen, die krisenrelevante Leistungen anbieten, ist die Notwendigkeit zu schnellem, chancenorientiertem Handeln kurzfristig und akut, was mitunter ähnlich aktionistisch wirken kann. Gleichzeitig stellt die Krise gewohnte Prozesse und Strukturen infrage, gerade in den Momenten, wo diese Klarheit und Verlässlichkeit für das Funktionieren bieten könnten.

Auf der Beziehungsebene dominieren mit Eintritt der Krise die Emotionen der Mitarbeiter*innen das Geschehen. Sorgen und Nöte, oft existenziell, Unsicherheit und Ängste, oft lähmend, lösen das Bedürfnis nach Schutz durch die Führungskraft, nach Orientierung, Verlässlichkeit und Sicherheit aus (Heifetz et al. 2009). Der Verlust von Gewohntem schmerzt, die Erkenntnis, dass nichts mehr so sein wird, wie es war, überlagert alles. Andere Mitarbeiter*innen wiederum laufen in Krisen zu Höchstform auf, sind mutig, wollen sich einbringen in die Bewältigung und Lösung. Diese fühlen sich gebremst von den weniger Veränderungsfähigen und nicht gesehen von der Führungskraft, die sich um diese verstärkt kümmert und vielleicht selbst noch nicht auf dem fahrenden Zug der Krisenbewältigung

T. Schrör, *Kraftvoll führen in Krisenzeiten*, essentials,
https://doi.org/10.1007/978-3-658-31760-7_2

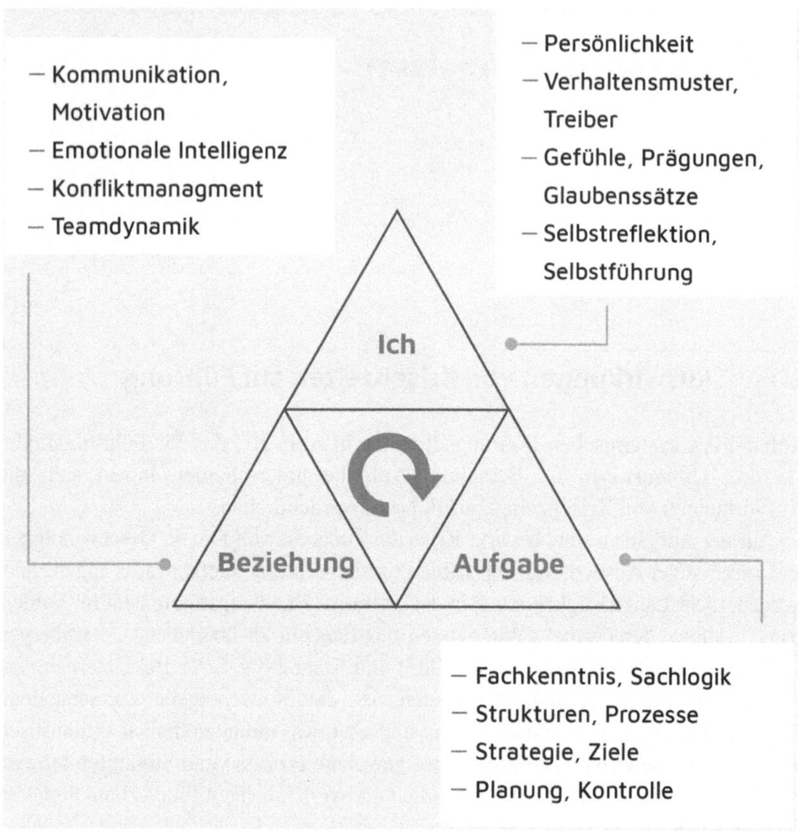

Abb. 2.1 Systemisches Dreieck der Führung

sitzt. Zudem sind die Räume für Partizipation von Mitarbeiter*innen an der Krisenlösung seitens der Unternehmensspitze oft durch die Dominanz von Kosteneinsparung und „Winterschlafmodus" (z. B. Kurzarbeit) eingeschränkt. Gleichzeitig lassen sich in Krisenzeiten auch verstärkte Solidarität und mehr unterstützendes Miteinander in Teams beobachten.

„Führen in der Dauerkrise" ist die anspruchsvolle Herausforderung (Heifetz et al. 2009). Das für Veränderungsprozesse bewährte House-of-Change des schwedischen Psychologen Claes F. Janssen, das die typischen Phasen des menschlichen Umgangs mit Veränderung beschreibt, unterstreicht dies. In Abb. 2.2 ist es

Abb. 2.2 House-of-Change

vereinfacht dargestellt und jeweils mit charakterisierenden Haltungen veranschaulicht, ausgehend von der Komfortzone über den Ablehnungs- und Verwirrungsraum bis hin zur Zone der aktiven Gestaltung und Veränderung.

In Zeiten extremer Dynamik und Disruption gibt es in Unternehmen keine Komfortzone mehr. Der nur allzu menschliche Wunsch der Mitarbeiter*innen, dass Zeit zum Durchatmen, Erholen und Neuausrichten ist, bleibt unerfüllt. Wenn die Führungskraft ehrlich wäre, müsste sie den Mitarbeiter*innen sinngemäß mitteilen: „Verabschiedet euch von der Komfortzone, es wird sie in unserem Unternehmen nie mehr geben, das ist ein Relikt aus dem 20. Jahrhundert. Wenn ihr eine braucht, müsst ihr sie euch in anderen Bereichen eures Lebens suchen". Das passiert nach meiner Wahrnehmung selten, zumeist wegen der Befürchtung, dass Mitarbeiter*innen mit Enttäuschung oder Demotivation reagieren könnten, dazu später mehr (Abschn. 4.4).

Zudem sind die handelnden Personen in einem ständigen, immer wiederkehrenden Durchlauf durch das House-of-Change. Der Projektcharakter mit definiertem Start und Ende, den Change noch vor einigen Jahren hatte, ist Vergangenheit. Die Zyklen werden immer schneller, es bleibt immer weniger Zeit, um sinnvolle Führungsmaßnahmen zu ergreifen, zum Beispiel in der Ablehnungsphase maximalen Raum für Sorgen, Ängste und Nöte zu schaffen oder in der

Verwirrungsphase maximale Partizipation zur Nutzung des Wissens aller zu ermöglichen. Zudem ist in Krisenzeiten das durch Unsicherheit und Angst verursachte „Gap zwischen Wunsch und tatsächlichem Handeln" (Thum 2017, S. 15) in der Verwirrungsphase besonders groß, da der Neuigkeitscharakter der Veränderung maximal und die Lösungen diffus sind.

Die Ich-Dimension im Führungsdreieck ist ausschlaggebend dafür, ob es der Führungskraft gelingt, die Mitarbeiter*innen immer wieder gut durch den Zyklus zu führen. In ihr sieht sich das führende Individuum mit den eigenen Emotionen und Reaktionsmustern konfrontiert. Manche Führungskräfte reagieren primär mit Leidenschaft oder Gelassenheit und schwierige Emotionen sind nur untergeordnet relevant, bei den meisten Verantwortungsträgern spielen diese aber in Disruption und Krise eine deutlich größere Rolle als in „normalen" Zeiten. Die Unsicherheit, was die richtigen Maßnahmen zur Krisenbewältigung sind, Befürchtungen, dass die eigene Position von Einsparzwängen betroffen sein könnte, Verwirrung darüber, was als Nächstes kommen wird, Plan-, Rat- und Hilflosigkeit aufgrund des Neuigkeitscharakters der Situation und die resultierende Angst, damit „entlarvt" zu werden und als Versager*in dazustehen sowie Überforderung mit der Anzahl der plötzlich aufgetretenen „Baustellen" und ihrer Komplexität seien beispielhaft genannt. Aktuell sorgt auch der Verlust direkter Beziehungserlebnisse durch die Dominanz digitaler Kommunikation, die sich auch nach der Krise 2020 fortsetzen wird, für Verunsicherung, da atmosphärische Signale von Mitarbeiter*innen und Team nicht mehr bei den Führungskräften ankommen und unklar ist, wie sie diese „weiche" Beziehungsdimension ersetzen können. Die Erfahrungswerte aus der Vergangenheit, selbst die aus vorherigen Krisen, sind aufgrund des jeweiligen Neuigkeitscharakters wenig hilfreich, weil nicht zielführend. Gleichzeitig spürt die Führungskraft, dass die Mitarbeiter*innen unerfüllbare Sicherheitserwartungen an sie stellen und sie diese wird enttäuschen müssen.

Zusammengefasst steht die Führungskraft auf der Ich-Ebene ohne ein funktionierendes Set von Verhaltensmustern inmitten einer herausfordernden Situation, für die es keinen „blueprint" gibt. Sie verliert potenziell den bisher sicheren Boden von erfolgreichen Handlungsautomatismen, gewohnten Glaubenssätzen, verwendbaren Erfahrungen und beziehungsstabilisierender Erwartungskongruenz unter den Füßen.

2.2 Die Krise traditioneller Führung

Wie geeignet ist Führung, wie sie die meisten derzeit in Verantwortung stehenden Führungskräfte gelernt haben, in der heutigen Zeit von Dynamik, Disruption und Krise? Eine Sammlung von bewussten und unbewussten Glaubenssätzen, die mir in der Arbeit mit Führungskräften begegnen, ohne Anspruch auf Vollständigkeit, im Folgenden:

- Ich weiß, wie das Geschäft funktioniert und was zu tun ist, um Erfolg zu haben
- Ich kann planen, wie es kommen soll und kann durch gezielte Maßnahmen erreichen, dass sich das Ist wieder dem Plan annähert
- Ich gebe meinen Mitarbeiter*innen Sicherheit durch Verlässlichkeit und Stabilität und kann durch mein Handeln Risiko minimieren
- Ich entscheide nach sachlogischer, analytischer Abwägung von Fakten und Meinungen und sorge dafür, dass mein Team sich an diese Entscheidungen hält
- Ich gebe Leitplanken und Strategien vor, an deren Entwicklung ich die Mitarbeiter*innen beteilige
- Ich definiere Regeln und sorge für deren Einhaltung
- Ich muss die Ärmel hochkrempeln und härter arbeiten, wenn es schwierig wird
- Ich orientiere mich an dem Verhalten, das mich bisher erfolgreich gemacht hat
- Ich zeige keine Unsicherheit und Angst, weil ich damit Zuversicht und Motivation meiner Mitarbeiter*innen gefährde

Teilweise sind diese Sätze auch Ausdruck für die wahrgenommenen Erwartungen von Mitarbeiter*innen, Kolleg*innen und übergeordneten Führungskräften. Meine im Folgenden thesenhaft und zugespitzt formulierte Einschätzung ist, dass diese Glaubenssätze und Erwartungen Illusion sind angesichts der immer dynamischeren und disruptiven Entwicklungen und auch der zu erwartenden Verwerfungen im Rahmen der globalen Klimakrise, weil …

- niemand im Voraus wissen kann, was in Märkten richtig ist, in denen sich die Geschäftslogik in rasender Geschwindigkeit ändert
- Planungsgläubigkeit überholte Planannahmen und Geschäftslogiken zementiert
- es keine Sicherheit mehr in Form herkömmlicher Verlässlichkeit und Beständigkeit gibt

- Risiko einfach passiert, unerwartet, unlogisch und unvorhersehbar
- bisherig gültige Sachlogik immer mehr an ihre Grenzen kommt und das Festhalten an erfahrungsbasierten Entscheidungen aus der Vergangenheit destruktiv ist
- strategische Ziele und Maßnahmen zu deterministisch und eingrenzend für diejenigen Energien sind, die sich in einem Unternehmen entfalten müssen, um in der heutigen Dynamik bestehen zu können
- bewährtes, gewohntes Verhalten der Gegenpool zu erfolgreichem, zukunftsgerechtem Verhalten ist

Die obigen Glaubenssätze korrespondieren bei Führungskräften mit typischen Handlungsmustern beim Aufkommen von Unsicherheit und Angst (siehe hierzu auch Heifetz et al. 2009, vertiefend Thum 2017, S. 35 ff.,):

Aktionismus Die Führungskraft intensiviert den Handlungsaspekt. Konkret etwas (selbst) zu machen hilft dabei, die Unsicherheits- und Angstgefühle nicht mehr zu spüren. Handlung simuliert Sicherheit und Mut, ist aber angesichts des Neuigkeitscharakters der Krise unüberlegt und nutzt nicht die gesamten Potenziale der Führungskraft. „Manager, die aus Angst nur noch auf momentanen Druck reagieren, werden zu Aktionisten, die sich am Ende wie Desperados verhalten" (Greif und Kurtz, S. 7).

Verdrängung und Flucht Die Führungskraft ignoriert die auslösenden Faktoren für Unsicherheit und Angst, tut so, als ob es keine Veränderungsnotwendigkeit gibt, verstärkt die Betonung des Gewohnten, Erprobten, äußert sich, dass es gerade in solchen Zeiten wichtig sei, auf Bewährtes zurück zu greifen, verharrt in dieser Scheinsicherheit. Es erfolgt eine Zementierung, keine Öffnung.

Druck und Mikromanagement Die Führungskraft gibt die eigene Angst an ihre Mitarbeiter*innen weiter, indem sie ihnen Handlungsspielräume verengt oder in diese eingreift, nicht auf deren Lösungskompetenz setzt, Umsetzungsziele detailliert vorgibt und Genehmigungsgrenzen verringert. Anspannung und Verkrampfung bei den Mitarbeiter*innen sind das Resultat, es kommt zu einem Rückzug aus der Mitgestaltungsverantwortung.

Planungs- und Kennzahlengläubigkeit Die Führungskraft intensiviert Planungsprozesse, fordert immer wieder neue Prognosen und Updates, nimmt zur Bewertung der Lösungskompetenz und Performance der Mitarbeiter*innen ausschließlich Kennzahlen. Sie bekommt wenig von den mitarbeitenden Menschen in der Krise mit, erläutert ihnen nicht die Lage, deren Unsicherheiten und Ängste werden verstärkt, anstatt angenommen zu werden, um daraus Hoffnung, Mut und Lösungskompetenz zu generieren.

Verzicht auf Eigenverantwortung Die Führungskraft traut sich nicht, in Eigenverantwortung zu gehen und übergibt diese in der Krise an die übergeordnete Ebene oder Kolleg*innen. Die Reduktion des Gefühls der Verantwortlichkeit vermeidet potenzielle Schuld, was eine verbreitete Unterform der Bewältigung schwieriger Gefühle in Krisen ist.

Gerade bei großen Unternehmen ist in der Krise 2020 zu beobachten, dass Entscheidungsfreiheit und Handlungsautonomie ihrer Mitarbeiter*innen begrenzt werden. Die in den letzten Jahren entstandenen agilen Arbeitsformen in Unternehmen werden wieder reduziert. Diese Erscheinungsform der „organisatorische(n) Angstabwehr" (Bröckermann 1989, S. 25) nenne ich „Das Imperium schlägt zurück". Die klassischen Organisationseinheiten behindern und boykottieren die agilen Einheiten in der Krise vermehrt, das „Neue" wird als Bedrohung wahrgenommen, wird mit Prozess- und Strukturgläubigkeit als chaotisch und nichtkrisentauglich diskreditiert. Gerade aus dem mittleren Management ist zu hören, dass das Top-Management Agilität fordert, aber gleichzeitig die Entscheidungsspielräume einengt und die Planungszyklen verkürzt. Das sind verständliche Schutzmuster, weil die Unternehmensleitung unsicher ist, wie sie das Unternehmen durch die Disruption führen soll und nicht für den potenziellen Niedergang verantwortlich sein will. Diese Automatismen entsprechen aber dem alten Führungsparadigma und können nur Scheinsicherheit geben, weil sie nicht auf die Erfolgsfaktoren eines Unternehmens in Krisenzeiten ausgerichtet sind, auf Innovation, auf Mut, auf disruptiv-kreative Gestaltung. Das Wissen der Mitarbeiter*innen bleibt ungenutzt, Motivation zur zuversichtlichen und mutigen Unterstützung des Unternehmens in der Krise wird blockiert. Das ist kein Vorwurf an das Top-Management, aber eine Feststellung dessen, was „automatisch" passiert, wenn sich Führungskräfte nicht bewusst ihren Unsicherheiten und Ängsten stellen.

Lösungsansätze für Führung in dynamischen Zeiten

3

In den letzten Jahren sind verschiedene Ansätze zum Umgang mit den VUKA-Bedingungen entstanden, die im Folgenden kurz dargestellt werden.

3.1 Agiles Führen

In fortwährenden Krisenzeiten ist „Führen eine improvisierende und experimentelle Kunst", die von der Führungskraft Anpassungsfähigkeit, Selbstfürsorge, Akzeptanz von Chaos und Verwirrung und die Ermöglichung maximaler Eigenverantwortung für Mitarbeiter*innen erfordert (Heifetz et al. 2009). Neben solchen innovativen Grundsätzen sind aktuelle Konzepte, wie z. B. die Transformationale Führung (z. B. Finckler 2017) und „Disruptive Thinking" (z. B. von Mutius 2017) entwickelt worden, die dabei helfen eine krisengerechte Führungshaltung einzunehmen, aber hier nicht weiter vertieft werden können.

Agile Führung erscheint aktuell das vielversprechendste Führungskonzept für anhaltende Dynamik zu sein (Hofert 2018; Raitner 2019). Im Grunde geht es dabei darum, die Haltung der Agilität konsequent in Führungsarbeit zu integrieren, was dazu beiträgt, einige der oben beschriebenen Glaubenssätze des traditionellen Führungsparadigmas zu überwinden. Agile Führung, angelehnt an das ursprüngliche „agile Manifest", bedeutet vor allem:

- Individuellen Kompetenzen und Teaminteraktion in weitgehender Selbstorganisation mehr Gewicht als definierten Prozessen und Strukturen in der Hierarchie zu geben
- Der flexiblen Reaktion auf die Veränderung von Kundenwünschen oder Marktgegebenheiten auch spät im Prozess einer Produkt-/Losungsgestaltung

T. Schrör, *Kraftvoll führen in Krisenzeiten*, essentials,
https://doi.org/10.1007/978-3-658-31760-7_3

Priorität vor der Befolgung von Plänen und der Langfristigkeit von Entscheidungen zu geben

- Die Tätigkeiten des Teams auf das Wesentliche für die Erreichung des Teamziels zu fokussieren, vor allem auf die tägliche, klar geregelte, direkte Kommunikation und von zeitraubenden hierarchiebedingten Beschäftigungen und Kommunikationsformen (u. a. „E-Mail-Wahnsinn") zu befreien
- Den Fokus der Führungskraft auf „Leadership" zu legen, also auf Sinn und Vision, Haltung, Beziehung, Metaperspektive, Mitarbeiter*innen-Persönlichkeit und Teamdynamik

Unsicherheiten und Ängste von Führungskräften spielen für agile Führung eine wichtige Rolle und die Forderung nach einer angstfreien Kultur im Unternehmen, die agile Führung erst möglich und wirksam macht, bestätigt dies (Raitner 2019, S. 39 ff.). Wenn ich auf die Erfahrungen meiner Coachingpraxis schaue, gibt es zwei zentrale Probleme:

Führungskräfte leiden im Kontext agil arbeitender Teams unter Bedeutungsverlust, ihre Rollendefinition und eigene sowie externe Rollenerwartungen werden nicht mehr erfüllt, was für Demotivation und Verunsicherung sorgt (Abschn. 3.2). Zudem zeigt sich eine klassische Problematik von Delegation in deutlich verstärkter Form: Die Übergabe von Gestaltungsverantwortung an agile Teams benötigt das Geschenk von Vertrauen an die Mitarbeiter*innen, was in der Anfangszeit einer agilen Führungsbeziehung mit hohem Neuigkeitsgrad noch nicht gefestigt ist. Die Unsicherheit, ob sich die Beschenkten des Geschenkes würdig erweisen, muss ausgehalten werden, sonst resultiert der Rückgriff auf unbewusste oder bewusste Kontrollmuster auf Mikroebene und ein mangelnder Fokus auf das „big-picture". Führungskräfte trauen sich gleichzeitig oft nicht, von den Mitarbeiter*innen einen pro-aktiv bedienten Rückkanal von Informationen einzufordern, um ein Gleichgewicht aus „Vertrauen schenken und Informationen erhalten" herzustellen, was die Autonomie in agilen Teams nicht zwangsläufig behindern muss. Sie haben die Befürchtung, dass dies als Kontrolle oder Misstrauensvotum ausgelegt werden könnte. Diese Herausforderungen kreieren also den Bedarf, auf der Ich-Ebene mit Unsicherheit („Wird mein Vertrauen gerechtfertigt") und Angst („Wird meine Beziehung zu den Mitarbeiter*innen gestört werden") umzugehen.

3.2   Neue Organisationsformen

Das Modell „Spiral Dynamics" (Beck und Cowan 2007) fasziniert mich aufgrund des Kerngedankens einer Evolution von Unternehmen entlang einer von der Weiterentwicklung des menschlichen Bewusstseins bestimmten Entwicklungslinie. In den letzten Jahren bestätigt der Boom von teamorientierten und hierarchiearmen Organisationsformen dieses Modell, begleitet von innovativer Literatur (Laloux 2015) und Erfolgsberichten aus der Praxis (Fink und Moeller 2018, S. 171 ff.).

Die Konsequenzen für Führung und Angst sind in verstärkter Form diejenigen, die ich bei Agiler Führung beschrieben habe. Ein Kunde, Führungskraft oberes Management aus einem Konzern, sagte mir sinngemäß: „JETZT brauche ICH doch ein Coaching: Ich sitze seit Neuestem nicht mehr in meinem Eck-Büro mit der Assistentin davor, ich habe gar keinen festen Sitzplatz mehr, ich bin zwar auf dem Papier noch Bereichsleiter, aber die Entscheidungen trifft jetzt ein Führungs-Tribe, früher konnte ich mich durch den schicksten Anzug differenzieren, heute habe ich die uncoolsten Sneakers …ich bin maximal verwirrt, ich brauche eine neue Sicherheit, ein neues Fundament". Führungskräfte in den neuen Organisationsformen haben keine Insignien von Führung mehr, an denen sie sich festhalten können. Ihre gewohnten Sicherheitsmechanismen sind außer Kraft gesetzt. Auch wenn sie neugierige, abenteuerbereite Charaktereigenschaften haben, ist auf dieser „Sandbank" klassischer Führung in stürmischen Zeiten die eigene Fähigkeit zum Umgang mit schwierigen Emotionen ein wichtiger Schlüssel zum Erfolg.

3.3   Selbstführung

Das Selbstführung zugrundeliegende Konzept der Selbstregulation umfasst die bewusste und anteilnehmende Wahrnehmung von eigenen Gefühlen und ist „besonders angemessen, wenn in neuen Situationen neue Handlungsschemata entwickelt werden sollen oder wenn es darum geht, Gewohnheiten bewusst zu verändern" (Greif und Kurtz 1999, S. 39 f.). In der Literatur überwiegt eine mit den Grundsätzen der positiven Psychologie verwandte Sichtweise zur Aktivierung „starker" Ressourcen und intrinsischer Motivatoren (Furtner 2017), was in der Krise zu kurz greift, da schwierige Gefühle der Führungskräfte unbewusst blockierend auf diesen Ansatz zur Verhaltensänderung wirken.

„Das Ziel von Managementlernen muss es vielmehr sein, sich der Wirkung der verschiedenen Facetten unserer Persönlichkeit und ihrer Ambivalenzen bewusst zu sein" (Freimuth und Zirkler 1999, S. 241). In vielen Unternehmen sind in den letzten Jahren dementsprechend Formate zur Selbstwahrnehmung und Selbstführung in das standardmäßige Curriculum aufgenommen worden. Gemeinsam mit der Personalentwicklung eines Kunden haben wir z. B. 2017 ein neues Seminar „Führen in dynamischen Zeiten" mit einem hohen Anteil an Persönlichkeitsarbeit entwickelt. Es gelang, in einer Offenheit und Tiefe mit den teilnehmenden Führungskräften zu arbeiten, wie ich es noch vor einigen Jahren nicht für möglich gehalten hätte. Grund ist, dass die Teilnehmer*innen merken, dass Schulungen, die die Persönlichkeitsebene nur oberflächlich streifen, nicht ausreichend sind, um in VUKA-Zeiten kraftvoll zu führen. Auch die Möglichkeiten durch Coaching individuell an der persönlichen Weiterentwicklung und Selbstführung zu arbeiten wurden erweitert, auch im Kontext dieses Buches, denn „Anlässe für Coaching sind immer häufiger tiefere Ängste von Führungskräften, seit sich mit den organisatorischen Transformationen … ihre Machtpositionen grundlegend verändern" (Freimuth und Zirkler 1999, S. 228). In der Krise 2020 ist zu beobachten, dass es kosteninduziert zu gegenteiligen Entwicklungen in vielen Unternehmen kommt, gerade jetzt, wenn ein neues professionelles Verständnis zum Umgang mit Unsicherheit und Angst am nötigsten wäre, um die Unternehmen chancenorientiert zu führen, anstatt von Angst und Schutzautomatismen getrieben.

3.4 Sinn

In Zeiten, in denen strategische Planung immer schneller obsolet erscheint, wird die Suche und Findung eines übergeordneten Sinns für ein Unternehmen als Erfolgsfaktor neu entdeckt. Empirische Untersuchungen stützen die steigende Bedeutung von Sinn, das bereits von 37 % aller befragten Mitarbeiter*innen einer Studie aus 2016 als „primärer Motivationsfaktor" genannt wurde (Global Purpose Index von Imperative/linkedIn, zitiert nach Fink und Moeller 2018, S. 17).

Sinn beinhaltet zum einen die „Sachlich-inhaltliche Dimension", als Orientierungspunkt zur grundlegenden Ausrichtung mit Zweck- und Zielcharakter, was nach empirischen Untersuchungen „Organisationen leistungsfähiger und wirtschaftlich erfolgreicher" macht (Gartenberg et al. nach Fink und Moeller 2018, S. 35 f.). Zum anderen die „Emotionale Dimension", als natürliches Bedürfnis und innerer Kraftspender, denn „Was als sinnvoll erlebt wird, erzeugt in uns eine innere Kraft und versorgt uns mit Energie fürs Handeln" (Fink und Moeller 2018, S. 24 f.).

Einer ergebnisorientierten Arbeit am Sinn oft vorgelagert ist die Prüfung des Wertekanons von Unternehmen und Führungsteam. Diese Abstimmung und Definition eines Selbstverständnisses aus Werten, Haltungen, Überzeugungen und Sinn ist aus meiner Sicht ein erfolgskritischer Schritt im Rahmen jedes Teamentwicklungsprozesses. Sinn als Teil eines neuen Führungsverständnisses in Disruption und Krise wird weiter unten als erster Schritt des SHIELZ-Modells vertieft (Abschn. 4.3.1).

Kraftvoll führen in der Krise 4

4.1 Die Grundlagen eines neuen Führungsparadigmas

Zusammengefasst noch einmal die Herausforderung für kraftvolles Führungshandeln: Krisen bringen Führungskräfte in schwierige emotionale Zustände, sie halten diese nicht aus und agieren unmittelbar, um sie zu verändern. Infolgedessen verringern sich die Handlungsmöglichkeiten der Führungskraft auf in der Vergangenheit erlernte, automatisierte Schutzmuster, dominiert von „alten" Glaubenssätzen (Abschn. 2.2). Führungskräfte greifen damit auf Bewährtes oder Begrenzendes zurück, das ihnen Scheinsicherheit suggeriert, ohne für das bisher noch nie da gewesene der Krise geeignet zu sein, weil kreative Innovation und eine adäquate Disruption auf der Gestaltungsseite ausbleiben.

Basierend auf den bisherigen Betrachtungen differenziere ich im Folgenden mögliche Elemente des neuen Führungsparadigmas für Dynamik, Disruption und Krise nach den Dimensionen des systemischen Führungsdreiecks:

Ich-Ebene
- Ich gehe bewusst, annehmend und konstruktiv mit meinen Unsicherheiten und Ängsten um
- Ich agiere gelassen, obwohl ich nicht weiß, was das Richtige ist und sich alles andauernd ändert
- Ich gehe in eine maximale Offenheit gegenüber neuen Gestaltungs- und Lösungsmöglichkeiten
- Ich schöpfe aus dem Gesamtfundus meiner Handlungsoptionen
- Ich öffne mich für Hilfe, Kooperation und Gemeinschaftlichkeit

T. Schrör, *Kraftvoll führen in Krisenzeiten*, essentials, https://doi.org/10.1007/978-3-658-31760-7_4

- Ich handle mutig und unkonventionell
- Ich verstehe Führung als ultimative, kontinuierliche Herausforderung zur Weiterentwicklung meiner eigenen Persönlichkeit

Beziehungsebene
- Mein Team orientiert sich an einem gemeinsamen Sinn und Selbstverständnis
- Mein Team handelt nach der Maxime, dass die einzig mögliche Sicherheit durch maximale Veränderungsfähigkeit erreicht wird
- Mein Team geht offen mit Sorgen, Bedenken und Ängsten um und gibt sich dadurch Halt

Aufgabenebene
- Ich schaffe angemessene Räume und Möglichkeiten für agile Arbeitsformen zur bestmöglichen Nutzung des Wissens aller und sorge für ein integratives und kooperatives Zusammenspiel mit vorhandenen Hierarchien
- Ich richte unsere Tätigkeiten maximal flexibel auf die ständig neue Realität von Kunde und Markt aus und vermeide Strategie- und Planungsgläubigkeit

Das eigene Verhalten der Führungskraft und damit die Ich-Dimension von Führung ist der entscheidende Erfolgsfaktor, um die Beziehungs- und Aufgabenebene nach diesem neuen Führungsparadigma gestalten zu können und bleibt im Folgenden der Schwerpunkt. Zum Ende des Bandes werden zusätzlich die wesentlichen Elemente einer emotional intelligenten, krisengerechten Gestaltung der Führungsbeziehung zu den Mitarbeiter*innen behandelt. Für die Aufgabenebene sei auf Fachbücher zu agilem Arbeiten (z. B. Hofert 2018) und neuen Organisationsformen verwiesen (Laloux 2015; Fink und Moeller 2018).

4.2   Achtsame Selbstführung in Krisenzeiten

In „Führungskompetenz durch achtsame Selbstwahrnehmung und Selbstführung" (Schrör 2016) habe ich die Beschäftigung mit der Innenwelt der Führungskraft zum Hauptthema eines Führungsbuchs gemacht. Kern ist ein Zusammenspiel von Achtsamkeit als Grundhaltung, achtsamer Selbstwahrnehmung als grundsätzlicher Verbundenheit zur eigenen Persönlichkeit und Selbstführung als bewusste Entscheidung aus einem Handlungspool, der mir mit meiner Gesamtpersönlichkeit zur Verfügung steht (Schrör 2016, S. 59 ff.).

Im Rahmen dieses Essentials fokussiere ich mich auf den achtsamen Umgang mit den beiden schwierigen Gefühlen Unsicherheit und Angst, was in Krisenzeiten essenzielle Bedingung für bewusste Selbstführung ist. Gefühle werden als vom Menschen gegenwärtig, im konkreten Moment erlebte Zustände aus körperlichen Empfindungen, geistigen Phänomenen (Gedanken, Bilder) und seelischer Disposition verstanden. Sie sind somit ein Phänomen der bewussten oder unbewussten Wahrnehmung. Emotion hingegen bezeichnet einen Reaktions- und Handlungsimpuls, der durch eine unbewusste, in der unmittelbaren oder ferneren Vergangenheit liegende Gefühlswahrnehmung induziert wird. Es geht somit um die bessere Wahrnehmung von und den bewussten Umgang mit Gefühlen und um die dadurch ermöglichte Reduktion von emotional ausgelösten Handlungsautomatismen.

4.2.1 Unsicherheit bei Führungskräften

Unsicherheit resultiert aus Nicht-Wissen. Nicht-Wissen, was passieren kann oder was richtig und gut ist. Die verunsichernde Folge ist, dass ich nicht vorhersehen und nicht bestimmen kann, was als Nächstes kommt. Unsicherheit umfasst den für Führungskräfte besonders relevanten Zustand der Unplanbarkeit und insofern auch die Abwesenheit von Kalkulierbarem. Unsicherheit ist die Aushebelung von Erfahrung als Sicherheitsgeber, vor allem in der Krise. Unsicherheit heißt Gefahr und Bedrohung und ist deshalb eng verknüpft mit dem Zustand der Angst, weshalb auf die vertiefenden Ausführungen im folgenden Abschnitt verwiesen sei.

4.2.2 Angst bei Führungskräften

„Angst gehört unvermeidlich zu unserem Leben. In immer neuen Abwandlungen begleitet sie uns von der Geburt bis zum Tode. … Es bleibt wohl eine unserer Illusionen, zu glauben, ein Leben ohne Angst leben zu können; sie gehört zu unserer Existenz und ist eine Spiegelung unserer Abhängigkeiten und des Wissens um unsere Sterblichkeit" (Riemann 2013, S. 7). Angst gehört demnach zu uns Menschen, auch zu Führungskräften. Angst von Führungskräften ist bis zur Pionierarbeit von Reiner Bröckermann 1989 „für das Gros der Veröffentlichungen … überhaupt kein Thema", diese haben nach seiner Überzeugung „ein evidentes Manko …: die völlig unzuläng- liche Erfassung des Faktors Angst" und folgen „damit einer mechanistischen, fast menschennegierenden Orientierung, die die Verachtung der Führungsängste … legitimierte"; Angst ist „ein blinder Fleck der Führungswissenschaft" (Bröckermann 1989, S. 13, 20; Wiendieck 1989, S. 7 ff.). Seine empirisch-wissenschaftliche

Untersuchung zeigte zusammengefasst folgende Ergebnisse mit Relevanz für das Essential-Thema (Bröckermann 1989, S. 293 ff.; Wiendieck 1989 S. 7 ff.):

- Innovative Potenziale der Selbst- und Organisationsentfaltung werden durch den „unreifen" Umgang mit Angst bei Führungskräften, aber auch Mitarbeitern, blockiert (siehe übereinstimmend auch Freimuth 1999, S. 14)
- Aus dem Versuch der Beherrschung von Ängsten durch Kontrolle und Sicherheit resultiert Destruktivität
- Die Überwindung der „Angst vor der Angst" und dementsprechende Persönlichkeitsentwicklung erschließen ungenutzte Potenziale für Effizienzsteigerung und Organisationsentwicklung

Der im letzten Punkt genannte Lösungsansatz zu einem besseren Umgang mit Angst als integriertem Teil des Führungsprozesses (Bröckermann 1989, S. 307 ff.) bleibt aufgrund des Forschungscharakters der Arbeit fragmentarisch und liefert keine praxisgerechte Umsetzungsanleitung für Führungskräfte.

In den letzten 30 Jahren hat sich viel verändert in Bezug auf die Thematik „emotional intelligente Führung" (siehe v. a. Goleman 2012), aber obwohl schon 1999 konstatiert wurde, dass „besonders unter den besten sich diejenigen mehren, die offen über Unsicherheit, Zweifel, auch Selbstzweifel … sprechen", ist Angst in Führungskreisen weiterhin nicht gesellschaftsfähig. In Unternehmen wird sie durch „eine zum Teil ritualisierte und geglättete Begegnungsoberfläche" unter der „alle Facetten unserer Emotionalität, natürlich auch Angst" liegen, verdeckt (Freimuth 1999, S. 15). Der Umgang mit ihr bleibt folgerichtig ungewohnt und wird in Führungsschulungen nicht vermittelt. Die wenigen Fachbücher zu dem Thema, wie z. B. der von Joachim Freimuth 1999 herausgegebene Sammelband „Die Angst der Manager", erscheinen in psychologischen Fachverlagen. Die Managementliteratur behandelt Angst kaum und wenn, dann mit Verwendung des „alten instrumentalistischen Machbarkeitswahns", der der „Komplexität, sowie der Aktualität und Dringlichkeit dieser Fragestellung nicht gerecht" wird (Freimuth 1999), obwohl die Erkenntnis der Wichtigkeit des Umgangs mit ihr nicht neu ist: „Je mehr eine Führungskraft …. Gefühle wahr-, auf- und annimmt, umso klarer, selbstbewusster und damit wirksamer wird sie sein" (Schober-Ehmer 2007). In der Krise 2020 taucht Angst vermehrt als relevantes Thema auf, z. B. verbunden mit praktischen Hinweisen „was wir tun müssen, um die Ausbreitung zu verhindern" (Brewer 2020).

Es geht bei Angst von Führungskräften zumeist darum, dass etwas nicht funktioniert, wie es sollte und dass in Folge etwas Bedrohliches für die Führungskraft oder das Unternehmen passieren wird. Und darum, dass sie nichts dagegen tun kann, „dass etwas oder jemand sich ihrer Macht entzieht, ihrem Willen nicht unterstcht" (Riemann 2013, S. 126). Angelehnt an die „Mutter aller Ängste", die vor dem Tod, werden Führungskräfte damit konfrontiert tausend kleine Tode zu sterben. Jede unvorhergesehene Realitätsentwicklung ohne vorhandene Bewältigungsstrategie kann sich im Umfeld von Dynamik und Disruption so anfühlen (siehe zu Erscheinungsformen von Führungsängsten vertiefend Bröckermann 1989, S. 299 ff.). Managen mit der bisherigen Haltung gegenüber Angst ist also, überspitzt gesagt, die planmäßige Verhinderung von Mini-Alltags-toden der Nicht-Zielerreichung oder des „Von-Unvorhergesehenem-überrascht-werden".

Die Funktionsweise der Amygdala als Teil des limbischen Systems zur Angst-wahrnehmung und Verhaltenskonditionierung im Gehirn ist weitgehend erforscht (z. B. Gainotti 2020). In der Ratgeberliteratur ist der bewusste Umgang mit Angst umfassend beschrieben worden und in digitalen Instrumenten zur Unterstützung der Alltagsbewältigung finden sich entsprechende Übungen (z. B. App 7Mind). Menschliche Bewältigungsstrategien wie Verdrängungsmechanismen (Freimuth 1999, S. 24) oder die Ambiguitätstoleranz in der Krise 2020 (Scharnigg 2020) erklären die zu beobachtenden Handlungsphänomene beim Vorliegen von Angst.

In diesem Essential kann keine Aufarbeitung der neurobiologischen, psychologischen und psychotherapeutischen Zusammenhänge von Ängsten, korrespondierenden Schutzautomatismen und Erlebnissen in Herkunftsfamilie und Sozialisationsprozess erfolgen. Der beschriebene Umgang mit Ängsten wendet sich zudem an psychisch gesunde Menschen in ihrer Verantwortung als Führungskraft in einem betrieblichen Kontext. Für Menschen mit pathologischen Angstzuständen, mit Traumata, mit Depressionen oder anderen psychischen Erkrankungen kann dieser Weg möglicherweise nicht funktionieren und sogar kontraproduktiv sein, Erkrankung verstärken. Wenn Sie als Leser*in also den Verdacht haben, dass dies auf Sie zutrifft, suchen Sie bitte kompetente, z. B. therapeutische Hilfe auf, anstatt weiter zu lesen.

Wie sich schwierige Gefühle in den Wochen der Krise 2020 in der praktischen Arbeit mit Führungskräften geäußert haben und welche Ansatzpunkte es zum bewussten Umgang damit gab, wird im folgenden Experteninterview mit Nina Schabel-Pittracher, selbständige Coachin, u. a. im Netzwerk der Formamentis GmbH und von Dietz Training + Partner, deutlich.

Hintergrundinformation

1. F.: Sie haben in der „Corona-Krise" Webinare zum Thema „Selbstführung" mit Führungsteams von Kunden durchgeführt. Wie wurde dieses Thema angenommen?

A.: Das Webinar hatte zuerst den Titel „Emotionale Belastungen managen". Wir haben diesen dann geändert, denn es bestätigte sich, dass viele Führungskräfte aus ihrem Rollenverständnis heraus eigene emotionale Belastungen als Schwäche interpretieren und sich dies nicht eingestehen können oder wollen. Deshalb ist daraus „Selbstführung in bewegten Zeiten – Orientierung finden, Orientierung geben" entstanden. Das Angebot wurde sehr gut angenommen und stieß auf äußerst positive Resonanz.

2. F.: Was sind ihre Erfahrungen zu der Thematik Unsicherheit und Angst, haben diese Gefühle bei den Führungskräften eine besondere Rolle in dieser Zeit gespielt haben?

A.: Ich habe einige Führungskräfte kraftvoll, klar und empathisch erlebt. Andere tief verunsichert bis hin zu Hilflosigkeit und Angst, da bisherige Verhaltensstrategien nicht mehr wirksam waren. Durch die fehlende Orientierung im Außen, wurde die fehlende innere Orientierung spürbar. Themen, die schon vor der Krise da waren (z. B. innere Spannungen und Unsicherheiten, unterschwellige Konflikte, Sinnfragen), sind wie eine „Sollbruchstelle" aufgeplatzt. Führungskräfte waren z. B. verunsichert, wenn langjährige und bislang stabile Mitarbeiter*innen im virtuellen Meeting Wutausbrüche bekommen oder sich völlig zurückziehen bzw. in Tränen ausbrechen. Wenn diese Führungskräfte ihre eigenen Gefühle nicht gut wahrnehmen können, wurde daraus schnell ein Engpass im Handeln. Andere fragten sich „Arbeiten meine Mitarbeiter*innen im Homeoffice auch wirklich? Mit welchem Ergebnis?". Mangelndes Vertrauen und Hilflosigkeit führte dann häufig zu mehr Kontrolle. Die Notwendigkeit, dass Mitarbeiter*innen und Teams spätestens jetzt eigenverantwortlich und mit Selbstorganisation agieren müssen und wollen, ließ Selbstzweifel und Sinnfragen aufkommen. „Wozu bin ich dann noch gut? Was ist meine Rolle überhaupt?". Orientierung im Innen ist wichtig, um sie im Außen geben zu können. Deshalb war zuerst Klarheit, aus welcher inneren Haltung und welchem Gefühl entspringt mein Handeln, wichtig, um sich im nächsten Schritt besser regulieren zu können.

3. F.: Wie war die Bereitschaft, bewusst und selbstreflektiert mit diesen Zuständen umzugehen? War Bereitschaft zum Dialog mit anderen gegeben?

A.: Die Schaffung eines „sicheren Rahmens" war hier enorm wichtig. Kleine Gruppen mit maximal 6 Teilnehmer*innen, die zunächst lernen, sich gegenseitig wirklich und empathisch zuzuhören. Kurze Inputs über die Psyche den Menschen, das Verstehen um die Biologie des Gefühls „Angst" und leicht nachvollziehbare Erklärungsmodelle anderer schwieriger Emotionen ermöglichte, sich diesen Gefühlen zu nähern. Viel Gelegenheit zur Selbstreflexion und zum Austausch mit Kolleg*innen schafften Nähe und Vertrauen. Die Krise hat bei manchen auch tiefer Verborgenes nach oben befördert. Zu erkennen, dass manche Ängste oder schwierige Gefühle gar nichts mit einer realen Bedrohung zu tun haben, sondern dem emotionalen Erfahrungsgedächtnis entspringen, war hilfreich. Eine Führungskraft hatte z. B. starke Existenzängste, obwohl die Firma Arbeitsplatzsicherheit garantierte und kein finanzieller Engpass gegeben war. Das Entdecken, dass die Wurzeln hierfür in der Geldnot im Elternhaus lagen, lies einen anderen Umgang mit der Angst zu. Zu erkennen, dass ich nicht die Angst bin, sondern dass da ein Teil von mir ist, der mit Angst reagiert, war ein weiterer wichtiger Schritt.

4. F.: Sie haben Übungen zur Wahrnehmung und Regulation von Gefühlen in die digitalen Webinare integriert. Wie sind ihre Erfahrungen damit?

A.: Erstaunlich gut! Es war ein Experiment, weil wir uns Gedanken gemacht haben, was die Menschen gerade erleben und brauchen. In unserem virtuellen Format gelang es den Führungskräften mit pragmatischen Körper-Übungen ihre Gefühle zu erforschen, den Grad der Aktivierung wahrzunehmen und die eigenen Selbstregulationsmuster zu untersuchen. Verbundenheit mit anderen Menschen im virtuellen Raum erleben, sich in der kleinen Gruppe zu öffnen und auszutauschen, ermöglichten besseres gegenseitiges Verständnis.

4.3   Umgang mit Unsicherheit und Ängsten – Das SHIELZ-Modell

Angst ist ein Scheinriese, um eine der grandiosen Metaphern von Michael Ende zu verwenden (Ende o. J.): Je weiter weg sie ist, umso größer erscheint sie demjenigen, zu dem sie gehört. Dabei bezeichnet „weiter weg" keine räumliche oder zeitliche Entfernung, sondern, wie nah der Mensch seiner Angst innerlich ist, wie gut er sie kennt und wie bewusst er sie annimmt. Je weniger Nähe ich zu meiner eigenen Angst habe, umso bedrohlicher erscheint sie mir, umso größer sind aber auch die Auswirkungen auf mein Handeln. Auf einen weit entfernten Scheinriesen zuzugehen ist sehr schwer und je weiter weg und damit größer die Angst erst einmal ist, umso schwerer wird es, dem Schutz- oder Fluchtmechanismen zu entgehen. „Die Reflektion über uns selbst und unsere Ängste … ist ein Anfang" (Greif und Kurtz 1999, S. 8). Nähern wir uns also Ihrem Scheinriesen, versuchen wir bewusst, den dafür erforderlichen Mut aufzubringen.

Ich stelle im Folgenden das 6-Schritte-Modell SHIELZ für den Umgang mit Unsicherheit und Ängsten vor, mit dem Führungs-Kraft und Führungswirkung erhöht werden können. Dieses Modell gibt Ihnen einen Impuls, sich neugierig mit dem Thema zu befassen und durch das Ausprobieren der Schritte und Übungen einen Einstieg in den krisenfesten Umgang mit diesen Gefühlen zu finden, wozu auch die ab jetzt verwendete persönliche Ansprache der/s Leserin/Lesers beitragen soll. Dass sich das Akronym SHIELZ für das Modell ergeben hat, finde ich sehr passend, da es eine Nähe zum englischen Wort für Schilder, Schutzschilder, gibt. Eine Nähe, aber eine „innovative" Schreibweise, denn SHIELZ kann Ihnen Schutz in Disruption und Krise durch bewusstes, offenes, „neues" Verhalten bieten, ohne „altes", automatisiertes Handeln zu nutzen.

Die 6 Schritte

S inn – Den Leitstern meines wirtschaftlichen Handelns definieren
H altung – Schwierige Gefühle akzeptieren
I nnehalten – Handlungsautomatismen unterbrechen
E igenempathie – Unsicherheit und Angst annehmen
L oslassen – Abschied nehmen vom „Alten"
Z ulassen – Das „Neue" ausprobieren

Zum Verständnis von SHIELZ ist ein Blick auf die Funktionsweise menschlicher Handlungen wichtig, Abb. 4.1 verschafft uns dazu einen Überblick.

Wir bekommen einen Handlungsimpuls, dieser trifft auf unsere innere Disposition, unseren Daseinszustand in diesem Moment, der geprägt ist von unserem bisherigen Leben und aktuellen Erleben, es erfolgt eine innere Gefühlsreaktion auf diesen Impuls, lange bevor Ratio und Sachlogik greifen und dann (linker Teil der Abbildung), läuft ein Automatismus ab, bei dem wir auf erlernte und gewohnte Verhaltensmuster zurückgreifen (Dietz 2007, S. 21 ff.). Wenn Unsicherheit und Angst Teil dieser inneren Disposition sind oder bei der ersten inneren Reaktion entstehen, ist die Wahrscheinlichkeit einer automatischen, unbewussten

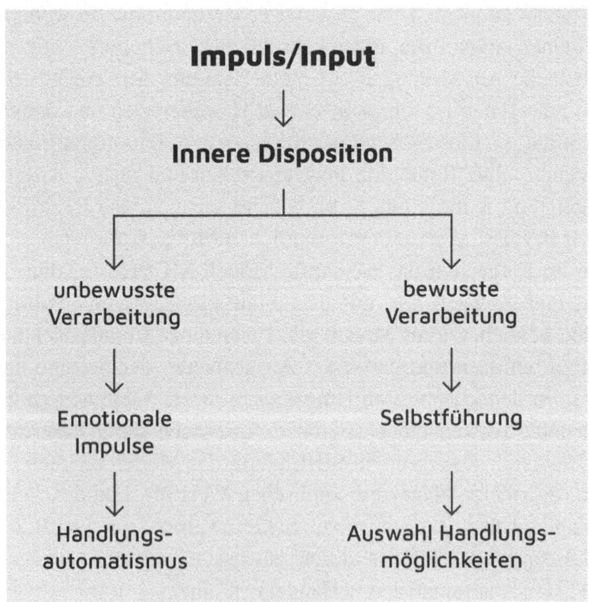

Abb. 4.1 Funktionsweise menschlichen Handelns

Handlung noch deutlich höher, da sie Gefahr bedeuten und eine Reaktion, die Schutz bieten soll, schnell zu erfolgen hat und zwar ohne Nachdenken oder Bewusstheit. Was auch weiterhin richtig ist, wenn Sie über eine Straße gehen und ein LKW kommt auf Sie zu (siehe vertiefend auch Thum 2018, S. 31 ff.). Was aber nicht zielführend ist, wenn Sie Führungskraft sind und aus Angst zu einer dominanten Verhaltensweise greifen, die Sie zwar vermeintlich für den Moment schützt, in Wahrheit aber eine destruktive Wirkung auf ihr Team hat, weil dieses sich zurückzieht und seine Potenziale nicht mehr zur Verfügung stellt.

Wenn Führung konstruktiv und veränderungsfähig sein soll, gilt es, diese Schutzmuster zu erkennen und zu unterbrechen und entweder ohne Schutz auszukommen oder andere Handlungsoptionen zu entdecken, auszuprobieren und zu verstetigen, die die Nachteile des automatisierten Handelns vermeiden und einen anderen, innovativen Schutz bieten. Dieses beschreibt der „neue" Weg der achtsamen Selbstwahrnehmung und Selbstführung im rechten Teil von Abb. 4.1, der potenziell alle Ressourcen, alle zur Verfügung stehenden Handlungsoptionen erschließt. Sie können aus Ihrem „Meer der Möglichkeiten" wählen (Schrör 2016, S. 107 ff.). Und Sie müssen ihr bisheriges Schutzmuster nicht aus dem Feld ihrer Handlungsoptionen verbannen, Sie können in bestimmten Fällen auch zukünftig entscheiden, darauf zurück zu greifen, aber eben bewusst. Jede einzelne bewusste Handlung, die Sie zukünftig als Führungskraft bei Unsicherheit und Angst schaffen, ist ein Schritt nach vorne. Es geht um die sukzessive Erweiterung ihres Handlungspools. Dies ist ein Prozess bis zum Ausscheiden aus dem Berufsleben, den ich das „Erwachsen-werden" von Führungskräften genannt habe (Schrör 2016, S. 132 ff.).

4.3.1 Sinn – Den Leitstern meines wirtschaftlichen Handelns definieren

▶ **Grundgedanke** Wenn Sie für sich als Führungskraft einen Sinn ihres wirtschaftlichen, betrieblichen Handelns definiert haben, wirft Sie eine akute Krise oder eine Disruption nicht aus der Bahn, weil die destruktive Wirkung von Unsicherheit und Angst verringert wird. Schwierige Gefühle aufgrund der Ist-Situation erscheinen in realistischer Größe zu einem Gesamtkontext, ohne diesen zu überlagern. Der Sinn ist der Leitstern für die Neuorientierung und eine chancenorientierte Sichtweise, zu der die Krise Sie aufruft.

Sinn ist aktuell verstärkt im Fokus der Wirtschaftsliteratur, insbesondere im Kontext agiler, selbstorganisierender Organisationsformen. „In turbulenten Zeiten und komplexen Situationen steigt der Bedarf, den Sinn und Zweck des eigenen Tuns zu schärfen und als Navigationshilfe zu nutzen.", schreiben Fink/ Möller in ihrem wegweisenden Buch „Purpose Driven Organizations" (Fink und Moeller 2018, S. 24). In dynamischen und disruptiven Zeiten erweist sich, dass elaborierte, von Markt- und Wettbewerbsrecherche geprägte, portfolioorientierte Strategie-Prozesse der Realität des Umfelds des Unternehmens oftmals nicht mehr gerecht werden. Die Veränderungsgeschwindigkeit überholt die rationale Auseinandersetzung mit vermeintlichen sachlogischen Zusammenhängen und Gesetzmäßigkeiten in Windeseile. In Märkten, wo durch Digitalisierung und völlig neue Geschäftsmodelle innerhalb kürzester Zeit mit globaler Wirkung Business-Logiken umgekrempelt und neu definiert werden, sind langfristig aus-gelegte strategische Ziele und Maßnahmen sogar gefährlich, weil sie verhindern können, dass der berühmte Blick über den Tellerrand erfolgt, mit dem festgestellt werden kann, dass sich wichtige Annahmen und Einflussfaktoren gerade disruptiv verändern und den Markt völlig neu definieren werden.

Angesichts dieser derzeit noch großen Unklarheit, wie viel Strategie zukünftig „richtig" ist, greift Sinn. Sinn ist ein übergeordneter Leitstern, wertegeprägt und von Sehnsucht und essenzieller Kompetenz bestimmt. Bei einem unerwarteten, kurzfristig entstehenden Wegfall vermeintlich langfristig angelegter strategischer Ziele durch Disruption oder Krise wird keine Orientierungslosigkeit entstehen müssen, sondern es kann eine zweckbezogene Neuausrichtung des Unternehmens auf Basis dieses Sinns erfolgen.

Ähnlich ist es mit der Definition eines individuellen Sinns des beruflichen Daseins. Sinn ist archaisch, unabhängig von Kurz- oder Mittelfristperspektiven, er berührt den inneren Kern eines Menschen, er beschreibt den inneren Antrieb, die intrinsische Motivation, hat eine unverrückbare ethische Grundlage, ist emotional verankert und definiert den Möglichkeitshorizont der situativen Hand-lungen (Fink und Moeller 2018, S. 24 ff., 239 f.). In einer Krise oder disruptiven Veränderung ist ein kraftvoller, Zuversicht ausstrahlender, motivierender Habitus der Führungskraft wichtig, der authentisch und echt ist, weil er innerlich gut ver-ankert ist. Sinn kann dafür die Grundlage sein, insbesondere für das emotionale Annehmen der Tatsache, dass nichts wie vorher sein wird und dafür, das „Neue" wirklich zu wollen. Ich erläutere dies im Folgenden noch anhand Abb. 4.2, die ich an die U-Kurve von Claus Otto Scharmer angelehnt habe (Scharmer 2009).

Die Grafik beschreibt, wie eine Führungskraft vom „Alten", der Zeit vor der Veränderung, in das „Neue" kommt, und zwar kraftvoll, mit positiver Energie. Auf der linken Seite der Kurve passiert Disruption oder Krise und die Führungs-kraft erkennt, dass die „alte" Zeit, die Komfortzone, in der sie sich befunden hat, vorbei ist. Es resultieren von „alten" Mustern geprägte Denkprozesse, die ver-suchen zu ergründen, wie eine Rückkehr auf das Gewohnte gelingen könnte. Weil sich aber die Erkenntnis durchsetzt, dass nichts wieder so sein wird wie vorher,

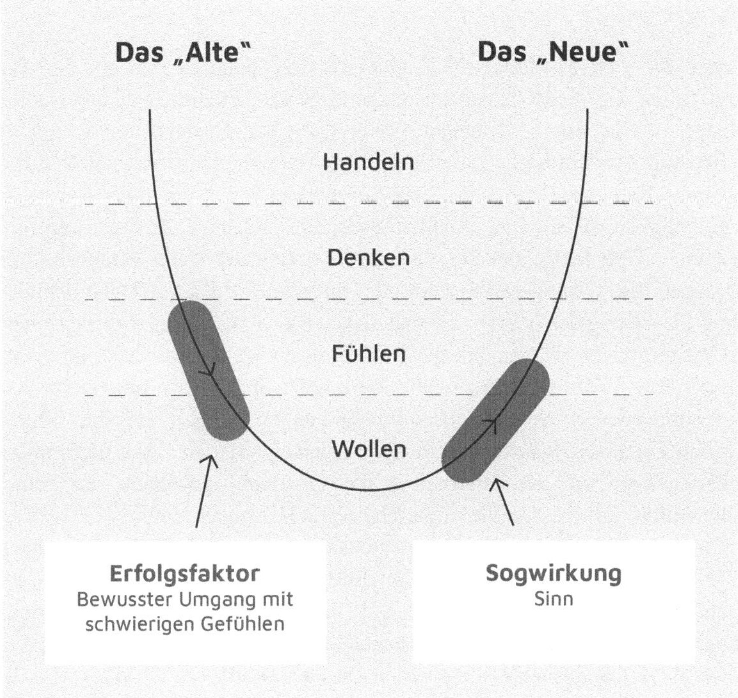

Abb. 4.2 U-Kurve

angenommene Realitätsverläufe Makulatur und vermeintliche Sicherheit Illusion sind, entstehen Enttäuschung, Wut, Trauer, Unsicherheit, Angst. Damit sich die Führungskraft in Richtung des „Neuen" bewegen kann, ist das bewusste Durchlaufen dieses Stadiums der Gefühle der entscheidende Erfolgsfaktor, um durch die Kurvensenke zu kommen, um das „Alte" in der Ebene des Wollens loslassen zu können und sich dem „Neuen" wirklich zu öffnen, es emotional anzunehmen, seine Denkstrukturen in neue Businesslogiken zu überführen und schließlich kraftvoll, dynamisch, innovativ, mutig und zeitgerecht zu handeln und zu führen.

Ein bewusster Sinn kann eine kraftvolle Sogwirkung für die rechte Seite der Kurve entfalten. Sinn wirkt auf die Ebene des Wollens und des Fühlens, ist archaisch und emotional aufgeladen. Krise tangiert Sinn nicht. Dies zu erkennen und in einer Krise die Sinnfrage zu beantworten, den Leitstern neu zu definieren, kann eine wirklich grundlegende Erfahrung für Manager*innen auf dem Weg zur Wiedererlangung von Kraft in der Veränderung und eine entscheidende Energie zum erfolgreichen Durchschreiten der U-Kurve sein.

Übung

Legen Sie sich 24 Moderationskarten mit folgenden Werten auf den Boden und lassen Sie rechts davon ausreichend Platz: Toleranz, Pflichtbewusstsein, Neugierde, Sicherheit, Offenheit, Freiheit, Freude, Eigenverantwortung, Wertschätzung, Gewaltlosigkeit, Liebe, Erfolg, Authentizität, Vertrauen, Wohlstand, Soziales Handeln, Gehorsam, Rücksichtnahme, Kunstsinnigkeit, Achtsamkeit, Gerechtigkeit, Kreativität, Sinnhaftigkeit, Ehrlichkeit. Falls Ihnen ein für Sie wichtiger Wert fehlt, oder Sie mit einem der Begriffe nichts anfangen können, ergänzen Sie, formulieren Sie um oder ersetzen Sie Karten. Dann wählen Sie Ihre 12 wichtigsten Werte aus und legen Sie diese rechts von den ehemals 24 Werten. Dann wählen Sie die 6 wichtigsten Werte aus. Dann ihre persönlichen Top-3-Werte. Nehmen Sie sich eine*n Sparringspartner*in für diesen Selektionsprozess, reden Sie über Ihre spontanen Impulse oder ihre Gedanken zu den einzelnen Schritten, achten (gemeinsam) darauf, dass nicht rationale Überlegungen zur Realisierbarkeit die Oberhand gewinnen. Es geht um Spontanität, um die Aktivierung archaischer Haltungen, intuitiver Treiber und emotionaler Trigger, die für Ihr berufliches Leben zentrale Bedeutung haben.

Nächster Schritt: Schauen Sie auf Ihre Top-3-Werte, nehmen Sie sie nochmals in sich auf. Dann legen Sie Stift und Papier neben sich, schließen die Augen, atmen einige Male bewusst und stellen sich dann innerlich die Frage: „Was ist der Sinn meines beruflichen Daseins, wofür bin ich da, was will ich mit meiner Tätigkeit in die Welt bringen?". Achten Sie darauf, was an Gedanken und Bildern kommt und versuchen sich dann nach 2–3 min schriftlich an einer Formulierung, die die Top-3-Werte sinngemäß beinhalten sollte. Schlafen Sie über diese erste Sinndefinition. Und am nächsten Morgen nehmen Sie sich das Blatt und prüfen: Spricht mich dieser Sinn-Satz weiterhin emotional an? Merke ich, dass er gut und tief mit mir verbunden ist, dass er meinen Geist und meine Seele anspricht, dass er mich intrinsisch motiviert, mich mit Leidenschaft und Streben nach Erfüllung ausfüllt. Ggfs. ändern Sie noch einmal Nuancen.

4.3.2   Haltung – Schwierige Gefühle akzeptieren

▶   **Grundgedanke** Unsicherheit und Angst sind keine Schwächen. Sie wahrzunehmen und akzeptieren ist eine entscheidende Stärke für Führungs-Kraft und Führungswirkung in Krisenzeiten. Eine Führungskraft braucht diese Haltung: Offen für diese herausfordernden Gefühle zu sein, achtsam sein, sie nicht als schlecht bewerten zu müssen und mutig sein, sie als Teil der eigenen Persönlichkeit respektieren

„Mut zur Verletzlichkeit" nennt Gracia Thum in ihrem Buch „Encourage" diejenige Art der Überwindung von Angst, um die es hier geht und schreibt: „Sich selbst und anderen Gefühle einzugestehen, ist alles andere als schwach. Dazu gehört so viel mehr Mut, als sich Fassaden von Souveränität aufrechtzuerhalten" (Thum 2017, S. 25). Verpflichten Sie sich also der Maxime, dass Unsicherheit, Angst und auch begleitende Zustände wie Rat- und Hilflosigkeit nicht Schwäche sind, sondern ein wesentliches Element zu ihrer Verbesserung als Führungskraft. Akzeptieren Sie für diesen potenziellen Nutzen, dass die bewusste Wahrnehmung von Unsicherheit und Angst die entscheidende, differenzierende Stärke ihrer Zukunft als Führungskraft sein kann. Entwickeln Sie einen neuen Glaubenssatz zu Unsicherheit und Angst, sinngemäß wie folgt: „Diese Gefühle, ihre unangenehmen Erscheinungsformen, werden mich zu einer kraftvollen Führungskraft machen, wenn ich sie nicht bewerte und verdränge, sondern erforsche, annehme und aushalte. Dies zu tun, mit Neugier und Forschergeist, bewahrt mich vor destruktiven Automatismen und erweitert mein Handlungsspektrum, ermöglicht Offenheit, Veränderungsfähigkeit und Innovationskraft." Diese neue Haltung ist eine Willensentscheidung, die Ihnen die Freiheit verschafft, konkrete angstbehaftete Situationen mit Neugier anzuschauen, wodurch Sie wiederum Ihre neue Haltung einüben und verfestigen können.

Übung

Schreiben Sie Ihre neue Haltung zu Unsicherheit und Angst in Ihren Worten auf. Dann nehmen Sie sich eine Situation aus der jüngeren Vergangenheit vor, in der Sie ganz am Anfang Ihrer Handlungs- und Entscheidungskette Unsicherheit oder Angst empfunden haben könnten. Die folgenden beispielhaften geistigen, körperlichen und gefühlsbezogenen Beschreibungsmerkmale können Ihnen dabei helfen:

- Geistig: ratlos, verwirrt, keinen klaren Gedanken fassen können, dauernd an den Worst Case denken, immer wieder Alternativen wälzen, sich nicht festlegen können, Gedanken an Flucht und Vermeidung
- Körperlich: unruhig, zappelig, Druck in der Magengegend, Schwere auf den Schultern, Verkrampfung im Kiefer, klein, gebeugt
- Gefühle: hilflos, bedrückt, belastet, überfordert, leidend, allein gelassen

Gehen Sie in einen achtsamen, nicht-bewertenden Zustand, 5–10 min an einem ruhigen, geschützten Ort, atmen Sie bewusst, versuchen Sie die Gedanken an den Alltag loszulassen. Erinnern Sie sich an die Situation und machen danach eine schriftliche Zustandsbeschreibung, was Sie an sich entdecken in dieser Retrospektive zu den schwierigen Emotionen.

Richten Sie sich für einige Wochen einen festen Termin pro Woche ein. Betrachten Sie dabei retrospektiv die vergangene und vorausschauend die kommende Woche mit der Frage „In welcher Situation habe/werde ich Angst und Unsicherheit erlebt/en, bevor ich gehandelt habe/handle". Verbinden Sie diese Fixtermine jeweils mit der Wiederholung Ihres neuen Glaubenssatzes.

4.3.3 Innehalten – Handlungsautomatismen unterbrechen

▶ **Grundgedanke** Der entscheidende Erfolgsfaktor für einen neuen Weg zum Umgang mit Unsicherheit und Angst in dynamischen, disruptiven und krisenhaften Situationen ist die Wahrnehmung desjenigen Moments, bevor Handlung automatisiert entsteht. Das achtsame Kennenlernen und das bewusste Wahrnehmen der eigenen Automatismen helfen, diesen Moment „zu erwischen", automatisierte Handlung zu stoppen (= „Handlungsfreeze") und bewusste Handlung möglich zu machen.

Wenn Sie trainieren, die Zustände von Unsicherheit und Angst immer öfter wahrzunehmen, trainieren Sie Ihre Fähigkeit, die automatische Handlungskette zu durchbrechen, die normalerweise bei Ihnen ablaufen würde (Dietz 2007, S. 50 ff.). Sie versetzen sich selbst in die Lage, vor der Schutzhandlung, die sich im Laufe Ihres Lebens aufgrund Ihrer Anlagen und Erfahrungen entwickelt hat, innezuhalten. Für den Erwerb und das Training dieser Kompetenz des Innehaltens sind zwei Aspekte von zentraler Bedeutung, der erste wurde bereits behandelt:

- Die Kenntnis um die eigenen typischen Handlungsautomatismen (Abschn. 2.2)
- Das regelmäßige Üben von Achtsamkeit

Zu Achtsamkeit gibt es vielfältige Literatur und Übungsanleitungen (z. B. Harrer et al. 2010; z. B. App 7Mind). Die Grundprinzipien dieser Haltung, die nicht-bewertende Wahrnehmung im Hier-und-Jetzt, insbesondere bezogen auf die schwierigen Gefühle Unsicherheit und Angst und ihre geistig-körperlich-seelischen Indikatoren, trainieren Ihre Fähigkeit, diejenigen Momente zu erwischen, bevor emotionale Handlungsimpulse wirksam werden. Diesen Moment nenne ich „Handlungsfreeze". Sie können durch diese achtsame situative

Wahrnehmung automatische Verhaltensmuster, die nicht zur Krisenbewältigung geeignet sind, bemerken, überprüfen und gegebenenfalls stoppen. Jedes einzelne Mal, in dem Sie das schaffen, eröffnet die Chance, eine geeignete Antwort auf eine neue, nie vorher in der Form dagewesene Situation zu finden.

Übung

Schaffen Sie sich Momente des Innehaltens in Ihrem Führungsalltag, in denen Sie Entscheidungen nicht sofort treffen und bewusst dem unmittelbaren Handlungsimpuls widerstehen. Stellen Sie sich in jedem bewussten Moment des Innehaltens unmittelbar diese Frage: „Was würde ich jetzt normalerweise tun?". Erforschen Sie diesen Aspekt noch weiter: „Ich spüre die Unsicherheit und Angst in mir, welchen Handlungsimpuls spüre ich infolgedessen? Besteht die Gefahr, dass ich in eines meiner Handlungsmuster abrutsche, um vermeintliche Sicherheit zu kreieren? Habe ich individuelle Muster, bei denen ich die Erfahrung gemacht habe, dass sie nicht geeignet sind, mich gut durch eine neuartige Situation zu führen?". Atmen Sie dabei bewusst und nehmen Sie diesen Schritt auch als Moment, in dem Sie nichts Besonderes tun müssen, außer neugierig zu sein und sich selbst als Forschungsobjekt zu betrachten.

Wenn Sie es zu Beginn noch nicht schaffen, diese Momente des Innehaltens in der Alltagshektik „zu erwischen", nehmen Sie sich für 4 Wochen jede Woche zu einem festen Termin Zeit, um Ihr Handeln in der vorherigen Woche zu reflektieren: In welchem Moment hätten Sie innehalten können? Was haben Sie getan, was ist „altes" Schutzmuster?

4.3.4   Eigenempathie – Unsicherheit und Angst annehmen

▶   **Grundgedanke** Angst verliert dann ihre destruktive Wirkung, wenn die Führungskraft ihr eine innere Heimat gibt. Das bedeutet, schwierige Gefühle wirklich anzunehmen, was eine Stufe weiter ist, als sie zu beobachten und auszuhalten. Dazu ist es hilfreich, die Angst für die Führungskraft greifbar zu machen und Begegnungen mit ihr zu normalisieren, um „auch in der Angst zu Hause zu sein" (Poraj 2020).

Lassen Sie uns vor den Stufen 4 bis 6 einen kurzen Check machen, wo wir stehen: Erstens haben Sie einen Leitstern „Sinn", der Ihnen Halt gibt, auch wenn alles andere durch Disruption und Krise verschwimmt. Zweitens nehmen Sie wahr, dass Sie Unsicherheit und Angst spüren und haben eine neue Haltung dazu eingenommen. Drittens erkennen Sie, welchen „alten" Schutzautomatismus diese Gefühle auslösen. An dieser Stelle kommt es trotzdem oft zu einem Rückgriff auf erlernte Verhaltensmuster, da Unsicherheit und Angst eine stärkere unbewusste Wirkung haben als der Wille zu einem anderen Verhalten. Um diese Schwelle zu überwinden, ist eine Vertiefung der Begegnung mit Ihrer eigenen Angst wichtig. Hier helfen systemische Ansätze zum Innenleben von Menschen, konkret verwende ich den Ansatz „Internal Family Systems/IFS" (Schwartz 2008). IFS geht davon aus, dass der Mensch vielfältig ist und verschiedene Persönlichkeitsfacetten hat, die sein Handeln bestimmen. Dazu gehören eben auch Facetten, die eher unsichtbar, nur innerlich präsent sind, aber starke Auswirkung auf das Handeln haben, da Sie schutzbedürftig sind und einen Impuls auslösen, der dann die im Menschen angelegten Schutzmechanismen auslöst. Bei Unsicherheit und Angst lässt sich mit achtsamer Selbstwahrnehmung sehr gut spüren, dass diese Facetten ein Gesamtzustand aus Gedanken, körperlichen Empfindungen und Gefühlen sind, mit einer ähnlichen Energie, die immer in bestimmten Situationen, z. B. bei bestimmten Bedrohungen durch Veränderung auftauchen (zur Vertiefung siehe Schwartz 2008, S. 96 ff.).

Machen Sie Ihre Unsicherheit und Angst für sich selbst greifbar und machen sich dadurch klar, dass Sie nicht die Angst sind, sondern die Angst eine Facette von Ihnen. Geben Sie dieser eine innere Heimat, indem Sie ihr einen Namen geben. Personifizieren Sie sie, nehmen Sie sie als einen explizit benannten Teil von sich an und verhindern dadurch, von ihr vereinnahmt und überwältigt zu werden. Das ist „die Verunsicherte" in mir, das ist „der Angsthase", das meine „Zittrige", das mein „Ratloser", meine „Verwirrte", mein „kleiner Junge", mein „schüchternes Mädchen". Geben Sie ihren Angstfacetten einen passenden Namen, angelehnt an Ihre Beobachtungen zur spezifischen Ausprägung Ihrer Unsicherheit und Angst. Wann immer es Ihnen gelungen ist, Ihre schwierigen Gefühle zu spüren, wann immer es Ihnen gelungen ist, vor der automatisierten Schutzreaktion innezuhalten, sprechen Sie Ihre Unsicherheit und Angst innerlich an, gehen Sie in einen inneren Dialog mit Ihrem individuellen Angst-Teil. Zeigen Sie diesen ansonsten unerwünschten Zuständen, dass Sie sie gespürt haben, sie sehen und sie annehmen. Ich nenne das, „die Unsicherheit/Angst in den Arm nehmen".

Diese Personifizierung und innere Ansprache mit sich selbst ist ungewohnt und mag sich erst einmal merkwürdig anhören. Ich erinnere an dieser Stelle an eines: Es geht darum, dass Sie als Führungskraft kraftvoll und erfolgreich in Dynamik, Disruption und Krise sind. Das können Sie nicht, wenn Sie aus unerkannten automatischen Schutzreaktionen heraus agieren. Akzeptieren Sie, dass die wiederholten Krisen, die immer wieder alles „neu" machen und immer wieder Veränderung, unkonventionelles Handeln, Kreativität und Innovation einfordern, Ihnen keine Chance lassen, Ihre innerlichen Prozesse zu negieren. Wenn Sie den innerlichen Auslösern für diese Automatismen auf die Spur kommen, haben Sie eine Chance, Neues auszuprobieren. Dafür ist das hier Vorgestellte ein Weg. Probieren Sie ihn aus.

Ein weiterer, wichtiger Meilenstein hin zu einem kraftvollen Umgang mit Unsicherheit und Angst ist, dass Sie Ihren unsicheren, ängstlichen Facetten die Illusion nehmen sollten, dass Sie sie in Zukunft weiterhin so schützen werden wie gewohnt. Diese Zustände sind daran gewöhnt, dass Sie immer sofort etwas gemacht haben, Aktionismus, Flucht, was auch immer, dass ihnen suggeriert hat, dass sie nicht mehr in Gefahr sind. Sie müssen ehrlich zu sich selbst sein, dass es sich um eine Scheinsicherheit handelt. Das ist hart. Ohne die mutige innerliche Präsenz, ohne das „In-den-Arm-nehmen" werden diese Facetten sich nur schwer auf den neuen Weg einlassen können. Wenn Sie das immer wieder tun, werden Sie nach und nach spüren, dass der unbewusste Trigger schwächer wird, weil diese Teile von Ihnen sich angenommen fühlen und Vertrauen in die neue Form des Schutzes gewinnen (Dietz 2007, S. 131; Thum 2017, S. 79 ff.).

Übung

Dazu sollten Sie allein sein und Ruhe haben, z. B. abends zuhause, nachdem Sie am Tage in Ihrer Verantwortung als Führungskraft Unsicherheit und Angst gespürt haben. Reflektieren Sie diese Situation und gehen in einen annehmenden Dialog mit dieser Facette von ihnen. Sinngemäß vielleicht mit Worten wie diesen: „Da warst Du, mein „Ängstlicher". Ich habe Deine Sorge gehört, dass Du nicht weißt, was jetzt passiert, dass alles den Bach runtergehen könnte, dass meine Position gefährdet ist. Ich habe kurz Deine Verkrampfung und Deine Not gespürt. Das ist ok. Das darf so sein. Ich bin da und sehe Dich. Ich nehme Dich so an und ich halte es aus, dass Du da bist." Gehen Sie dann in den zweiten Teil des inneren Dialogs, sagen Sie Ihrer Unsicherheit und Angst mit Ihren eigenen Worten, sinngemäß etwas wie folgt: „Ich kann dich, meinen „Ängstlichen", nicht wie früher schützen, mit noch mehr harter Arbeit, damit bewältige ich die Krise nicht. Aber ich werde etwas Neues ausprobieren, für das ich alle Facetten meiner Persönlichkeit mutig und neugierig nutzen werde. Das mute ich dir zu, werde aber regelmäßig überprüfen, ob meine neuen Verhaltensmuster auch Schutz bieten, vielleicht sogar besseren Schutz als die „alten" Mechanismen." Finden Sie Ihre Worte und Ihr Setting dafür, das Wichtige sind regelmäßige Gelegenheiten zur inneren Begegnung mit diesen unsicheren und ängstlichen Facetten Ihrer Selbst.

4.3.5   Loslassen – Abschied nehmen vom „Alten"

▶   **Grundgedanke** Die Überwindung bewährter Verhaltensautomatismen, die nicht krisengeeignet sind, braucht einen bewussten Akt des Loslassens dieser vertrauten Weggefährten. Ohne explizite, gleichzeitige Würdigung und Verabschiedung des „Alten" wird das „Neue" nicht ausreichend Kraft entfalten können.

Wir befinden uns jetzt in der letzten Phase der Überwindung des „Alten" gemäß U-Kurve. Nachdem wir uns in den vorherigen beiden SHIELZ-Schritten intensiv der Phase des „Fühlens" zugewandt haben, können wir nun den Schritt des „Wollens" gehen. Hier braucht es die Entscheidung, nicht mehr so zu handeln, wie Sie es Jahre und Jahrzehnte gemacht habe, wenn Sie unbewusst oder bewusst die Angst oder Unsicherheit getriggert hat. Sie haben eine neue Haltung gegenüber Ihren Ängsten eingenommen, die schwierigen Gefühle gespürt, haben Sie in sich angenommen und beruhigt. Jetzt braucht es ein explizites „Nein" zu den in der Phase des Innehaltens vergegenwärtigten Schutzmustern und eine innerliche Öffnung dazu, Neues auszuprobieren. Sie gehen mit diesem „Nein" zu dem „Alten" aus der inneren Begrenzung heraus, Sie erweitern Ihren Handlungsraum um all die Optionen, auf die Sie bisher nicht zugegriffen haben, weil Ihr Schutzautomatismus schneller war.

Die Herausforderung ist, dass Sie das vielleicht tun müssen, ohne das „Neue", die alternativen Handlungsmöglichkeiten zu kennen, sie sind noch ungewiss, unsicher. Genau darum geht es. Verhaltensweisen, die für die Krise geeignet sind, entstehen aus dem Annehmen der Krise als etwas in dieser Form noch nie Dagewesenes, das kreative, innovative Entscheidungen erfordert. Es geht um eine willentliche Öffnung, die ich durch das Loslassen von Scheinsicherheit und Illusion erreiche, damit eine neue Sicherheit, dass es Handlungsalternativen gibt, dass mich Öffnung und Weite als Führungskraft besser machen, entstehen kann.

Übung

Verschaffen Sie sich eine gute Atmosphäre an einem Ort, an dem Sie sich wohl fühlen. Nehmen Sie sich ein typisches Verhaltensmuster, das Sie in Schritt 3 erforscht haben. Lassen Sie das „Alte" bewusst los, treffen Sie eine innere Entscheidung, dass es vorbei ist und Sie immer öfter, wann immer es geht, diese mutige Öffnung zu dem „Neuen" versuchen werden. Nehmen Sie Abschied, am besten mit einer Art Ritual, sie können z. B. das „alte" Verhalten auf einen Zettel schreiben und diesen in ein kleines Kästchen mit weiteren verabschiedeten Mustern legen.

4.3.6   Zulassen – Das „Neue" ausprobieren

▶ **Grundgedanke** Das Einzige, das Planbarkeit ersetzt, ist der flexible Umgang mit Unplanbarkeit. Das Einzige, das Sicherheit bietet, ist der konstruktive Umgang mit Unsicherheit. Das Einzige, das Ängsten ihre kraftraubende Wirkung nimmt, ist ein bewusster Umgang mit ihnen. Führungskräfte können zu einem neuen, krisengerechten Führungsparadigma finden, wenn Sie Vertrauen dazu aufbauen, ungewohnte und alternative Handlungsoptionen aus Ihrem gesamten Ressourcenpool zuzulassen.

Das Zulassen neuer Handlungsoptionen heißt, dass Sie Ihre zur Verfügung stehenden Ressourcen erforschen. Auch hierbei hilft das IFS-Modell der inneren Persönlichkeitsfacetten. Haben Sie eine „kreative Chaotin" in sich? Aktivieren Sie sie, in der Krise kann dieser Teil von Ihnen der Wichtigste sein. Haben Sie einen „Abenteurer" in sich, der sich bisher nur einmal im Jahr beim Rucksackurlaub in der Ferne ausleben durfte? Nehmen Sie ihn mit in Ihr Krisenmanagement und lassen ihn seinen barrierefreien Geist einsetzen. Agieren Sie maximal ungewöhnlich und unkonventionell.

Ich abstrahiere dabei bewusst davon, ob Ihre Führungskräfte und Ihre Firma Raum für diese Facetten und dieses Handeln lassen. Ob das System, in dem Sie agieren, „den Abenteurer" und „die kreative Chaotin" zulassen und nutzen wollen. Falls nicht, überlegen Sie, ob Sie am richtigen Ort sind, im richtigen System, ob dieses potenzialbegrenzende System wirklich Ihre Heimat für die zur neuen Normalität werdenden dynamischen und disruptiven Zeiten ist.

Übung

Vereinbaren Sie einen Forschungstrip mit sich selbst, ca. 2 h, vielleicht auch mit Unterstützung eines Menschen, der Sie gut kennt und akzeptiert, wie Sie sind. Forschen Sie nach, wann Sie kreativ, abenteuerlustig, gelassen, humorvoll, mutig mit Situationen umgehen, in welchen beruflichen, aber auch privaten Kontexten. Erforschen Sie, ob es Ressourcen gibt, die Sie beruflich bisher nicht oder kaum nutzen. Aktivieren Sie Offenheit und Kreativität, indem Sie sich anschauen, was die Potenziale sind, die in Ihnen stecken. Dann geben Sie diesen Ressourcen Namen und schreiben auf, wann Sie sie wie erleben. Dann denken Sie an aktuelle berufliche Veränderungsherausforderungen, bei denen Ihnen diese bislang ungenutzten Facetten von sich helfen könnten und setzen sich ein Ziel, wie Sie sie konkret einsetzen wollen. Überprüfen Sie in einem festen Termin wöchentlich, was Ihnen an Verhaltensinnovation gelungen ist.

4.3.7   Zusammenfassung SHIELZ Vorgehen

Um das neue Führungsparadigma für Dynamik, Disruption und Krise leben zu können, geht es im Kern darum, dass Sie, bildhaft gesprochen, wieder zum/zur DJ Ihres eigenen Persönlichkeitsmischpults werden, wie in Abb. 4.3 skizziert.

Bisher sind in Krisenzeiten die Regler der „schwierigen" emotionalen Zustände auf Ihrem DJ Mischpult unbewusst aktiviert worden und haben dann andere Regler maximal getriggert, was gleichzeitig dafür gesorgt hat, dass Sie andere Ressourcen in diesen bedrohlichen Veränderungssituationen weitgehend ungenutzt gelassen haben (dunkle Regler-Stellung).

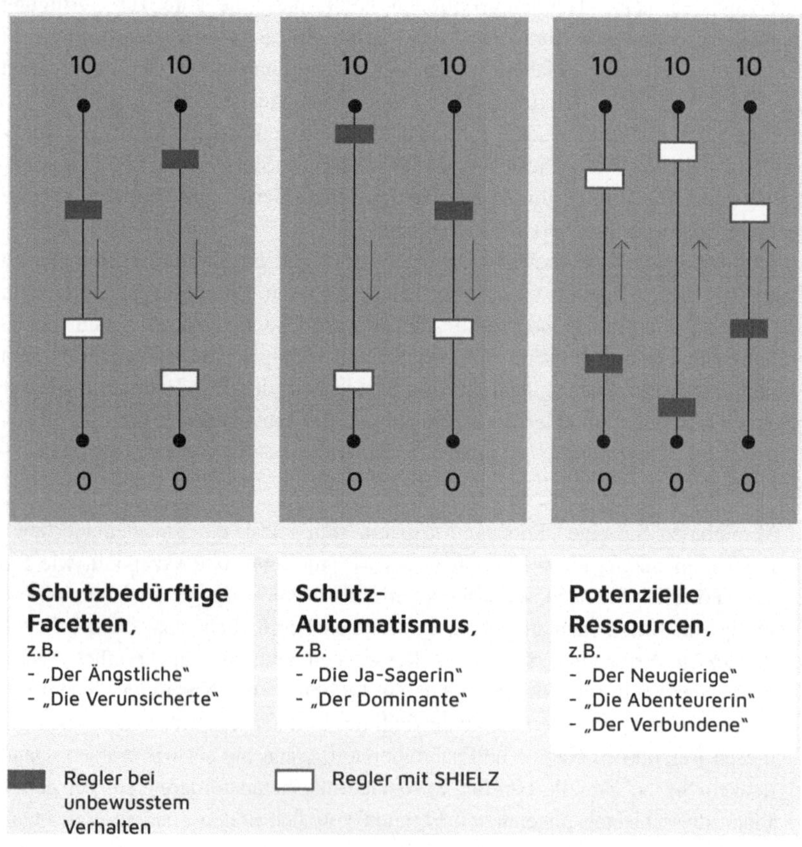

Abb. 4.3   DJ-Mischpult der Persönlichkeitsfacetten

Wenn Sie den in diesem Essential beschriebenen Weg der achtsamen Selbstführung folgen, haben Sie die Chance, aktiver DJ Ihrer Ressourcen und Möglichkeiten zu werden. Sie sind sich selbst nicht mehr ausgeliefert, sondern nehmen durch die bewusste Wahrnehmung der Angst (Haltung, Innehalten, Eigenempathie) eine Meta-Position ein und bewirken eine sukzessive Bewegung der Regler in eine weniger alarmierte Stellung. Durch die Unterbrechung des Automatismus gelingt Ihnen das Loslassen des „Alten", also in dem obigen Bild das Runterregeln der vorherigen Schutzfacetten auf ein bewusstes, konstruktives Maß. Extremzustände, in denen ein Teil Ihrer Persönlichkeit zu kurz kommt, nicht gesehen und nicht aktiviert wird sowie ein einseitiges Agieren aus dominanten Facetten heraus wird reduziert, im Idealfall beendet. Durch die Erforschung Ihrer alternativen Ressourcen, durch ein Zulassen, nutzen Sie neue Regler mit konstruktiven Impulsen für die Bewältigung der Veränderung. So ergibt sich ein für Disruption und Krise geeignetes Mischungsverhältnis Ihrer genutzten Ressourcen und es bildet sich ein stabiles Gleichgewicht der Facetten (helle Regler-Stellung).

Wie passt der „Sinn" aus dem Schritt 1 von SHIELZ hier hinein? Bildhaft gesprochen: Er ist der stabile DJ-Tisch, die Kalibrierung des Mischpults oder die Geschmackssicherheit des DJs.

4.4 Emotional intelligente Führung in Krisenzeiten

Die Gestaltung der Beziehung zu Mitarbeiter*innen ist der Kern von Führung. In diesem letzten Abschnitt werden die Auswirkungen des bewussten Umgangs mit schwierigen Gefühlen für eine zukunftsgerechte, krisengerechte Führungsbeziehung anhand von 2 Modellen betrachtet.

4.4.1 Essenzielle Führungskompetenzen

Das erste Modell ist die Kompetenz-Waage der Führung in Abb. 4.4.

Kernaussage ist, dass es zwei Kompetenzen braucht, um Führungsbeziehungen emotional intelligent zu gestalten: Empathie und Klarheit.

Klarheit lässt sich dabei weitgehend durch die beiden Aussagen „Dafür stehe ich" (grundsätzliche Klarheitsaussage) und „Das erwarte ich" (situative Klarheitsaussage) erreichen. Wenn die Führungskraft diese beiden Aspekte mit präzisen Inhalten kommunizieren kann, haben Mitarbeiter*innen eine verlässliche Ausrichtung und einen orientierungsgebenden Handlungsrahmen.

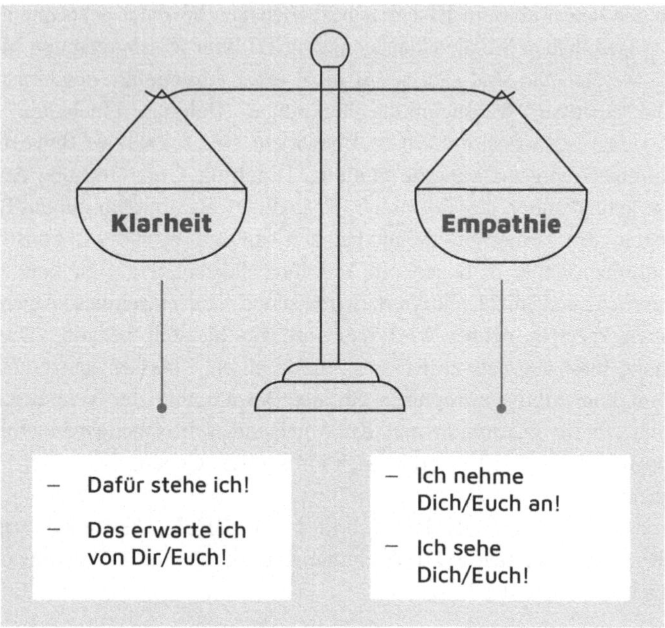

Abb. 4.4 Kompetenz-Waage der Führung

Empathie wird durch die beiden Haltungen „Ich nehme Dich an" (grundsätzliche Empathie-Haltung) und „Ich sehe Dich" (situative Empathie-Haltung) repräsentiert. Wenn es gelingt, diese Kompetenz ins Leben zu bringen, können Ihre Mitarbeiter*innen auf die Frage „Fühlt ihr euch als Teil ihres/seines Teams" und „Fühlt ihr mit euren Fähigkeiten, Leidenschaften, Bedürfnissen, Sorgen … gesehen" mit einem klaren „Ja" antworten.

Ziel ist es, beide Kompetenzen zu beherrschen, sie punktuell akzentuieren zu können und mittel- und langfristig in eine Ausgewogenheit zu bringen. Menschen haben erfahrungsgemäß ihren Kompetenzschwerpunkt auf jeweils einer der beiden Kompetenzen. Dementsprechend gibt es Führungskräfte, die sich der Entwicklungsherausforderung „Klarheit" und solche, die sich der Entwicklungsherausforderung „Empathie" stellen müssen.

Angst erschwert die Umsetzung dieser beiden Kompetenzen. Führungskräfte mit der Entwicklungsherausforderung „Empathie" haben Befürchtungen, dass sie von den Emotionen der Mitarbeiter*innen überschwemmt werden, ihnen ist unwohl, wenn sie Nähe zulassen, damit können sie schwer umgehen. Bei Erforschung dieses Phänomens im Coaching stellen sie zumeist fest, dass sie unsicher sind, weil sie mit Gefühlen und Nähe nicht umzugehen gelernt haben und sie Angst davor haben, sich dem auszuliefern und nicht handlungsfähig zu sein. Führungskräfte mit der Entwicklungsherausforderung „Klarheit" haben die verunsichernde und angstfördernde Vorstellung, dass sie auf Ablehnung stoßen, wenn sie Position beziehen und Erwartungen formulieren, dass sie Zuneigung entzogen bekommen oder Konflikte heraufbeschwören.

In Disruption und Krise ist diese Herausforderung noch größer. Weil die eigenen Ängste mannigfaltig, auf verschiedensten Ebenen aktiviert sind. Die Führungskräfte mit Schwerpunktkompetenz „Klarheit" denken, dass jetzt, wo alles um sie herum brennt, erst recht keine Zeit ist, sich mit Gefühlen und Befindlichkeiten zu befassen. Die Krise ist somit bewusst oder unbewusst Recht-fertigung dafür, sich der Entwicklungsherausforderung nicht zu stellen. Was den für die Führungskraft überraschenden Effekt haben kann, dass ihre Mit-arbeiter*innen mehr und mehr verkrampfen und wie paralysiert, kaninchengleich auf die Schlange „Krise" schauen und keine nachhaltig wirksame Motivation oder positive Energie für den Weg aus der Krise entsteht.

Ebenso verstärkt Disruption die Ängste der Führungskräfte mit Schwerpunkt-kompetenz „Empathie" vor Widerstand und Ablehnung, da Mitarbeiter*innen besonders aufgewühlt, sensibel und kritisch sind, was die Entscheidungen der Führungsebene angeht. Sie erwarten mehr denn je Verständnis für ihre spezifische Situation, Aufrichtigkeit in der Aufklärung über die Bedrohung, Orientierung für das weitere Navigieren durch die Krise und haben ein erhöhtes Sicherheitsbedürf-nis, das dann in einem unbewussten Konflikt mit der erwarteten Aufrichtigkeit steht. Denn die ehrliche Nachricht, dass es keine traditionelle Sicherheit mehr gibt, dass nur maximale Veränderungsfähigkeit neue Sicherheit bieten kann, ist keine, die Mitarbeiter*innen gerne hören wollen, die sowieso gerade mit einer schwierigen Veränderung konfrontiert worden sind.

Der bewusste Umgang mit den eigenen schwierigen Gefühlen und das kraft-volle Führungshandeln durch das SHIELZ-Modell sind somit dringend not-wendige Voraussetzungen, um auch in Dynamik, Disruption und Krise die essenziellen Kernkompetenzen von Führung, Klarheit und Empathie, ausgewogen in Führungshandeln umsetzen zu können.

4.4.2 Wechselwirkungen in Führungsbeziehungen steuern

Diese Bedeutung des eigenen Angstmanagements für die Gestaltung der Führungs-beziehung in der Krise lässt sich auch an dem zweiten Modell (nach Weiss 2007), der Wechselwirkung in Führungsbeziehungen in Abb. 4.5 nachvollziehen.

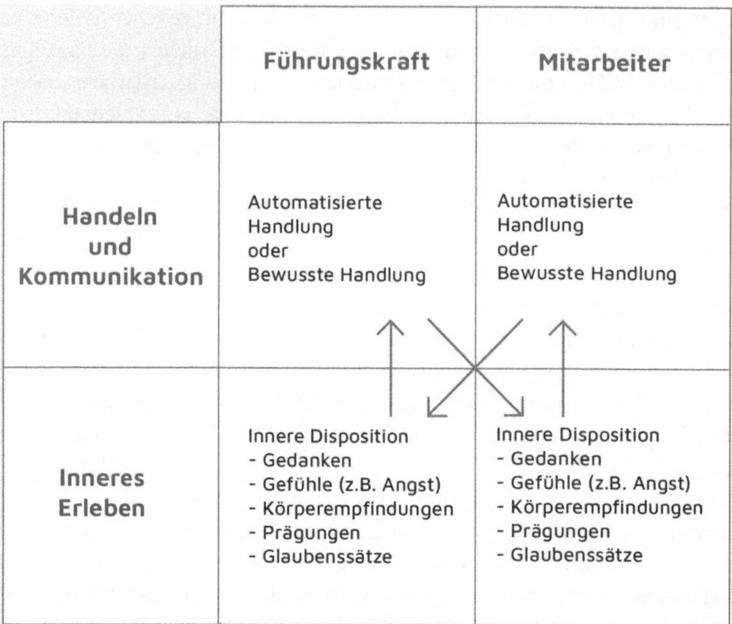

Abb. 4.5 Wechselwirkung in Führungsbeziehungen

Das Modell beschreibt, dass die Handlungen von Führungskraft und Mitarbeiter*innen nicht unmittelbar auf der Handlungs- und Kommunikationsebene Reaktion induzieren (obere 2 Quadranten), sondern durch den Filter des inneren Erlebens laufen (untere 2 Quadranten), worunter Gedanken, Gefühle, Körperempfindungen, Glaubenssätze und Prägungen zu verstehen sind, die die Handlungsebene beeinflussen, bei Automatismen sogar determinieren.

Bei einem bewussten Umgang mit eigenen Unsicherheiten und Ängsten, der dem vorgestellten SHIELZ-Modell folgt, kann die Fähigkeit der Führungskraft verbessert werden, mit einer Bereitschaft zu Nähe und Experimentierfreude in die Führungsbeziehung zu gehen. Bei den Mitarbeiter*innen entsteht ein Gefühl gesehen zu werden und gleichzeitig die Gewissheit, was die Leitlinien für das eigene Handeln sind. Die von der Führungskraft geäußerten Erwartungen sind dann nur andere: „Bleibt mutig und offen, seid kreativ und innovativ", könnte ein Beispiel sein. Begleitet von einer Empathie-Haltung, die zum Beispiel aussagen könnte: „Ich kenne eure Unsicherheit, wir tragen diese und eure Ängste gemeinsam, ich kann euch zwar keine Garantien geben, aber das Einzige, das uns in dieser Krise Zukunftsfähigkeit und damit am Ende vielleicht auch wieder ein Stück Sicherheit gibt, ist Offenheit, Flexibilität, Veränderungsfähigkeit, Innovationskraft. Ich handle auch so, trotz meiner eigenen Unsicherheit, trotz der bestehenden Risiken. Ich halte meine Angst aus, ich halte eure Angst aus, aber wir lassen uns nicht von ihr dominieren, wir berücksichtigen sie, aber wir lassen uns nicht in eine Falle von ihr locken".

Eine solche, hier beispielhaft verbalisierte emotional intelligente Führung eröffnet die Chance auf eine zielgerichtete Gemeinschaft im von der Führungskraft geschaffenen Rahmen, sie ist aufrichtig, sie macht die Ängste nicht klein, nimmt sie auf und verknüpft sie gleichzeitig mit zukunfts- und zielgerichteten Erwartungen an Veränderungsfähigkeit und Innovation, auf Basis eines von Sinn geleiteten neuen Umgangs mit Unsicherheit und Angst.

Schlusswort

Dieses Essential fordert Führungskräfte auf, den spannenden und mutigen Schritt zu einem bewussten Umgang mit Unsicherheit und Angst zu gehen, was die Weiterentwicklung ihrer Persönlichkeit, die Ausschöpfung ihrer Potenziale und die Umsetzung eines neuen Führungsparadigmas ermöglicht. Wenn Führungskräfte ein solches innovatives Angstmanagement mit einer gewissen Selbstverständlichkeit in den Führungsalltag integrieren, steigen die Chancen, ihre Mitarbeiter*innen veränderungs-, disruptions- und krisengerecht zu führen, kraftvoll, mit Gelassenheit, emotionaler Intelligenz, Veränderungsbereitschaft, Kreativität und Mut.

Was Sie aus diesem *essential* mitnehmen können
- Den Impuls, Führung neu zu denken
- Die Bereitschaft und Offenheit, schwierige Gefühle anzunehmen und mit ihnen umzugehen
- Neugier und Bewusstheit beim Umgang mit den eigenen Ressourcen
- Die Fähigkeit als Führungskraft Handlungspotenziale auszuschöpfen
- Die Führungskompetenz, situationsgerecht mit Dynamik, Disruption und Krise umzugehen

Literatur

Beck DE, Cowan CC (2007) Spiral Dynamics – Leadership, Werte und Wandel: Eine Landkarte für Business und Gesellschaft im 21. Jahrhundert. Kamphausen, Bielefeld

Brewer J (2020) Angst ist ansteckend. Was wir tun müssen, um die Ausbreitung zu verhindern. Harvard Business manager 06/2020

Bröckermann R (1989) Führung und Angst. Lang, Frankfurt am Main u. a.

Dietz I & Th (2007) Selbst in Führung. Achtsam die Innenwelt meistern. Wege zur Selbstführung in Coaching und Selbst-Coaching. Junfermann, Paderborn

Ende M (ohne Jahresangabe) Jim Knopf und die Wilde 13. Bertelsmann Reinhard Mohn OHG, Gütersloh

Finckler, P (2017) Transformationale Führung. Wegweiser für nachhaltigen Führungs- und Unternehmenserfolg. Springer, Berlin Heidelberg

Fink F, Moeller M (2018) Purpose Driven Organizations: Sinn Selbstorganisation Agilität. Schäffer-Poeschel, Stuttgart

Freimuth J (1999) Die Angst der Manager. In: Freimuth J (Hrsg) Die Angst der Manager. Verl. f. Angewandte Psychologie, Göttingen, S. 13–29

Freimuth J, Zirkler M (1999) Emotionalität und körperliche Präsenz als Dimension postmodernen Führungshandelns. In: Freimuth J (Hrsg) Die Angst der Manager. Verl. f. Angewandte Psychologie, Göttingen, S. 227–253

Furtner MR (2017) Self-Leadership. Basics. Springer Gabler, Wiesbaden

Gainotti G (2020), Emotions and the Right Side of the Brain. Springer International Publishing, Basel

Goleman D, Boyatzis R, McKee A (2012) Emotionale Führung. Ullstein Buchverlage GmbH, Berlin

Greif S, Kurtz H-J (1999) Vorwort & Angstkontrolle in turbulenten Innovationsprozessen. In: Freimuth J (Hrsg) Die Angst der Manager. Verl. f. Angewandte Psychologie, Göttingen, S. 7–9, 33–68

Heifetz R, Linsky M, Grashow A (2020) Führen in der Dauerkrise. Harvard Business manager 10/2009

Hofert S (2018) Agiler führen. Einfache Maßnahmen für bessere Teamarbeit, mehr Leistung und höhere Kreativität. Springer Gabler, Wiesbaden

Laloux F (2015) Reinventing Organizations: Ein Leitfaden zur Gestaltung sinnstiftender Formen der Zusammenarbeit. Vahlen, München

Poraj A (2020) Auch in der Angst zu Hause sein, Benediktushof Magazin 1. Juni 2020 https://www.benediktushof-holzkirchen.de/auch-in-der-angst-zu-hause-sein zugegriffen 10.6.2020

Raitner M (2019) Manifest für menschliche Führung: Sechs Thesen für neue Führung im Zeitalter der Digitalisierung. Eigenverlag

Riemann F (2013) Grundformen der Angst. Reinhardt Verlag, München

Scharmer CO (2009) Theorie U. Von der Zukunft her führen. Carl Auer, Heidelberg

Scharnigg M (2020) Leben ohne Angst. SZ Online 21.6.2020 https://sz.de/1.4937808 zugegriffen 21.6.2020

Schober-Ehmer H (2007) Führung im Spannungsfeld von Lust und Angst. Reflexion eigener Erfahrungen, focus consulting 2007/3 S. 31 ff., Wien

Schrör T (2016) Führungskompetenz durch achtsame Selbstwahrnehmung und Selbstführung. Eine Anleitung für die Praxis. Springer Gabler, Wiesbaden

Schwartz RC (2008) IFS Das System der Inneren Familie. Ein Weg zu mehr Selbstführung. Books on Demand, Norderstedt

Thum G (2017) Encourage. Mut zu Veränderung. Business Village, Göttingen

von Mutius B (2017) Disruptive Thinking: Das Denken, das der Zukunft gewachsen ist. GABAL, Offenbach

Weiss, H (2007). Die Analyse von Wechselwirkungen in kritischen dyadischen Beziehungssituationen. In: Familiendynamik, 32 Jahrgang, Heft 4, Oktober 2007, Klett-Cotta, Stuttgart

Weiss H, Harrer M, Dietz Th (2010) Das Achtsamkeitsbuch. Klett-Cotta, Stuttgart